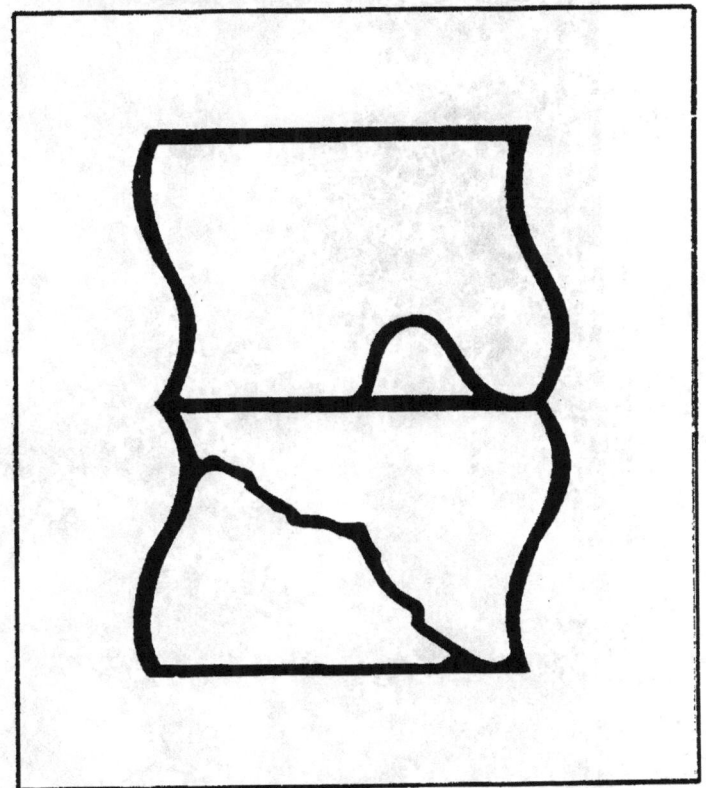

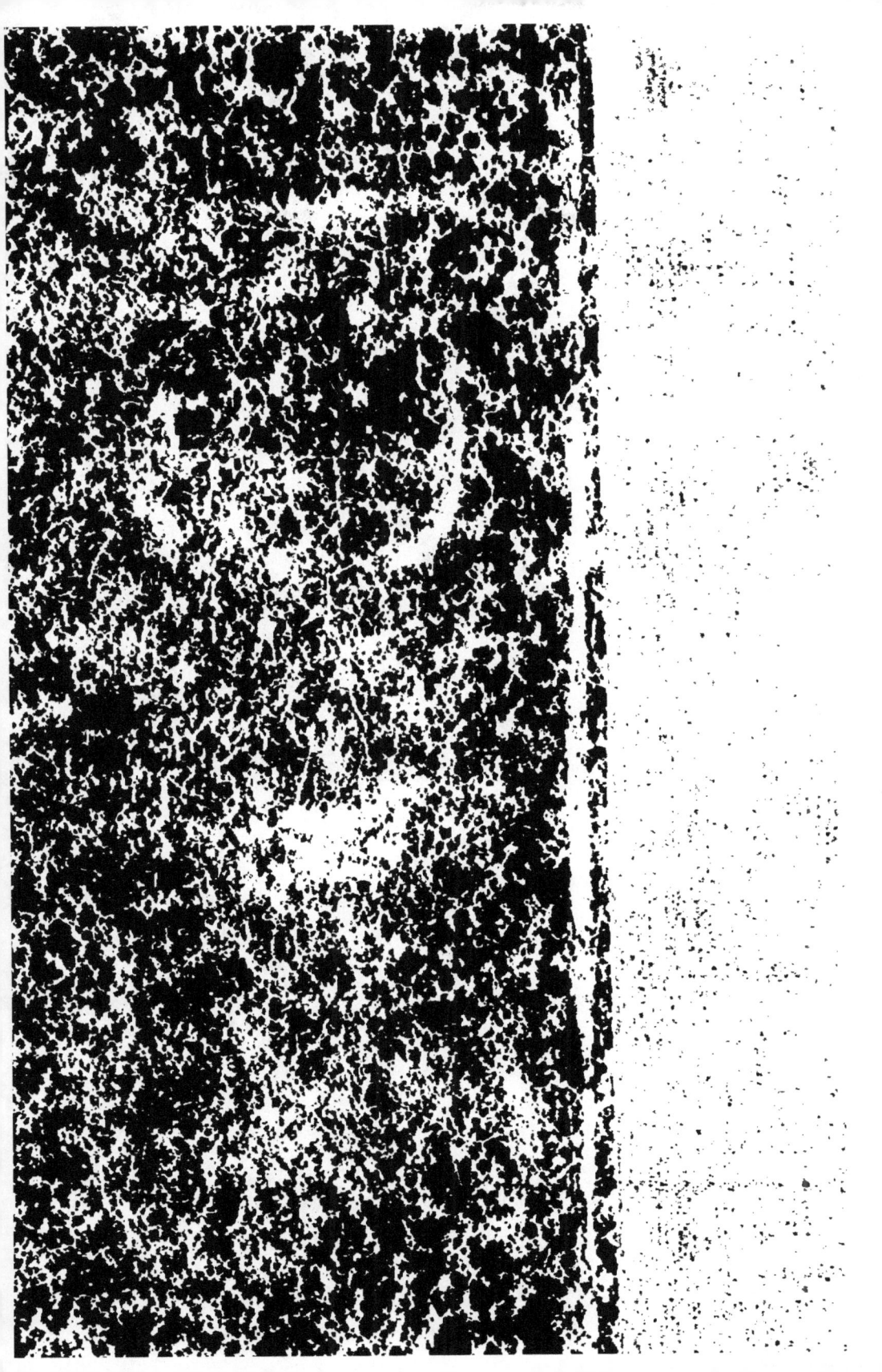

A. JARRY

Ubu roi
Ubu enchaîné

Comédie

PARIS

EDITIONS DE LA REVUE BLANCHE

23, BOULEVARD DES ITALIENS, 23

1900

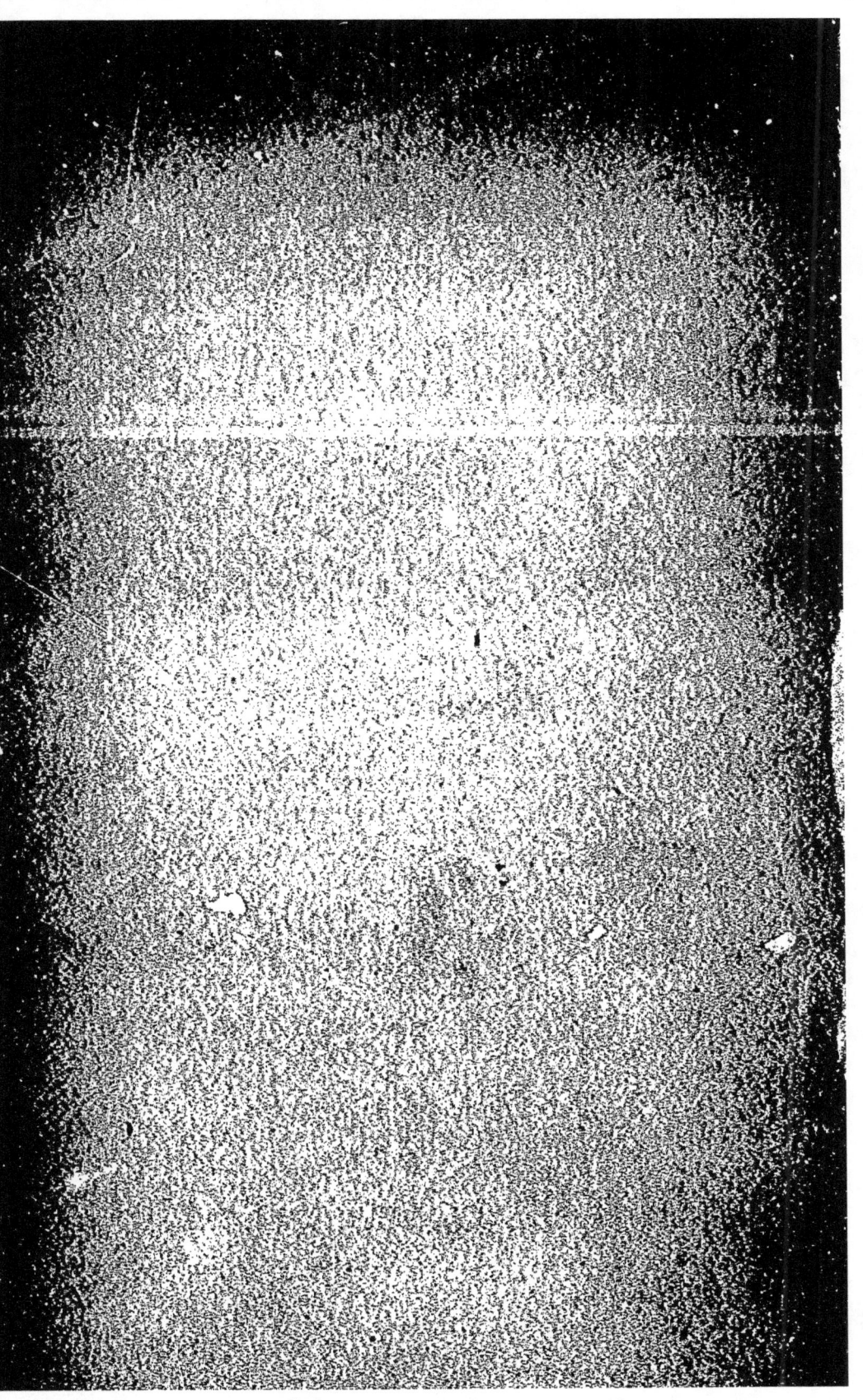

Ubu roi

Ubu enchaîné

Châteauroux. — Typ. et Stér. A. Majesté et L. Bouchardeau. A. Mellottée, succr.

A. JARRY

Ubu roi
Ubu enchaîné

Comédie

PARIS

ÉDITIONS DE LA REVUE BLANCHE

23, BOULEVARD DES ITALIENS, 23

1900

UBU ROI

5 ACTES

Ubu roi a été représenté au Théâtre de L'ŒUVRE (10 décembre 1896), avec le concours de Mmes Louise France (Mère Ubu) et Irma Perrot (la Reine Rosemonde) ; de MM. Gémier (Père Ubu), Dujeu (le Roi Venceslas), Nolot (le Czar), G. Flandre (Capitaine Bordure), Buteaux, Charley, Séverin-Mars, Lugné-Poe, Verse, Dally, Ducaté, Carpentier, Michelez, etc. — aux PANTINS (janvier-février 1898).

CE DRAME EST DÉDIÉ

A

MARCEL SCHWOB

> Adonc le Père Ubu hoscha la poire, dont fut depuis nommé par les Anglois Shakespeare, et avez de lui sous ce nom maintes belles tragœdies par escript.

PERSONNAGES

Père Ubu.
Mère Ubu.
Capitaine Bordure.
Le Roi Venceslas.
La Reine Rosemonde.
Boleslas..
Ladislas.. } leurs fils.
Bougrelas
Les Ombres des Ancêtres.
Le général Lascy.
Stanislas Leczinski.
Jean Sobieski.
Nicolas Rensky.
L'Empereur Alexis.
Giron.
Pile... } Palotins.
Cotice.
Conjurés et Soldats.
Peuple.
Michel Fédérovitch.
Nobles.
Magistrats.
Conseillers.
Financiers.
Larbins de Phynances.
Paysans.
Toute l'Armée russe.
Toute l'Armée polonaise.
Les Gardes de la Mère Ubu.
Un Capitaine.
L'Ours.
Le Cheval a Phynances.
La Machine a décerveler.
L'Équipage.
Le Commandant.

ACTE PREMIER

ACTE PREMIER

SCÈNE PREMIÈRE

PÈRE UBU, MÈRE UBU

Père Ubu

Merdre.

Mère Ubu

Oh ! voilà du joli, Père Ubu, vous estes un fort grand voyou.

Père Ubu

Que ne vous assom'je, Mère Ubu !

Mère Ubu

Ce n'est pas moi, Père Ubu, c'est un autre qu'il faudrait assassiner.

Père Ubu

De par ma chandelle verte, je ne comprends pas.

Mère Ubu

Comment, Père Ubu, vous estes content de votre sort ?

Père Ubu

De par ma chandelle verte, merdre, madame, certes oui, je suis content. On le serait à moins : capitaine de dragons, officier de confiance du roi Venceslas, décoré de l'ordre de l'Aigle Rouge de Pologne et ancien roi d'Aragon, que voulez-vous de mieux ?

Mère Ubu

Comment ! après avoir été roi d'Aragon vous vous contentez de mener aux revues une cinquantaine d'estafiers armés de coupe-choux, quand vous pourriez faire succéder sur votre fiole la couronne de Pologne à celle d'Aragon ?

Père Ubu

Ah ! Mère Ubu, je ne comprends rien de ce que tu dis.

MÈRE UBU

Tu es si bête !

PÈRE UBU

De par ma chandelle verte, le roi Venceslas est encore bien vivant ; et même en admettant qu'il meure, n'a-t-il pas des légions d'enfants ?

MÈRE UBU

Qui t'empêche de massacrer toute la famille et de te mettre à leur place ?

PÈRE UBU

Ah ! Mère Ubu, vous me faites injure et vous allez passer tout à l'heure par la casserole.

MÈRE UBU

Eh ! pauvre malheureux, si je passais par la casserole, qui te raccommoderait tes fonds de culotte ?

PÈRE UBU

Eh vraiment ! et puis après ? N'ai-je pas un cul comme les autres ?

Mère Ubu

A ta place, ce cul, je voudrais l'installer sur un trône. Tu pourrais augmenter indéfiniment tes richesses, manger fort souvent de l'andouille et rouler carrosse par les rues.

Père Ubu

Si j'étais roi, je me ferais construire une grande capeline comme celle que j'avais en Aragon et que ces gredins d'Espagnols m'ont impudemment volée.

Mère Ubu

Tu pourrais aussi te procurer un parapluie et un grand caban qui te tomberait sur les talons.

Père Ubu

Ah ! je cède à la tentation. Bougre de merdre, merdre de bougre, si jamais je le rencontre au coin d'un bois, il passera un mauvais quart d'heure.

Mère Ubu

Ah ! bien, Père Ubu, te voilà devenu un véritable homme.

Père Ubu

Oh non ! moi, capitaine de dragons, massacrer le roi de Pologne ! plutôt mourir !

Mère Ubu *(à part).*

Oh ! merdre ! *(Haut.)* Ainsi tu vas rester gueux comme un rat, Père Ubu.

Père Ubu

Ventrebleu, de par ma chandelle verte, j'aime mieux être gueux comme un maigre et brave rat que riche comme un méchant et gras chat.

Mère Ubu

Et la capeline ? et le parapluie ? et le grand caban ?

Père Ubu

Eh bien, après, Mère Ubu ? *(Il s'en va en claquant la porte.)*

Mère Ubu *(seule).*

Vrout, merdre, il a été dur à la détente, mais vrout, merdre, je crois pourtant l'avoir ébranlé.

Grâce à Dieu et à moi-même, peut-être dans huit jours serai-je reine de Pologne.

SCÈNE II

La scène représente une chambre de la maison du Père Ubu où une table splendide est dressée.

PÈRE UBU, MÈRE UBU

Mère Ubu

Eh ! nos invités sont bien en retard.

Père Ubu

Oui, de par ma chandelle verte. Je crève de faim. Mère Ubu, tu es bien laide aujourd'hui. Est-ce parce que nous avons du monde ?

Mère Ubu *(haussant les épaules).*

Merdre.

Père Ubu *(saisissant un poulet rôti).*

Tiens, j'ai faim. Je vais mordre dans cet oiseau. C'est un poulet, je crois. Il n'est pas mauvais.

Mère Ubu

Que fais-tu, malheureux ? Que mangeront nos invités ?

Père Ubu

Ils en auront encore bien assez. Je ne toucherai plus à rien. Mère Ubu, va donc voir à la fenêtre si nos invités arrivent.

Mère Ubu (*y allant*).

Je ne vois rien. (*Pendant ce temps le Père Ubu dérobe une rouelle de veau.*)

Mère Ubu

Ah ! voilà le capitaine Bordure et ses partisans qui arrivent. Que manges-tu donc, Père Ubu ?

Père Ubu

Rien, un peu de veau.

Mère Ubu

Ah ! le veau ! le veau ! veau ! Il a mangé le veau ! Au secours !

Père Ubu

De par ma chandelle verte, je te vais arracher les yeux.

(*La porte s'ouvre.*)

SCÈNE III

PÈRE UBU, MÈRE UBU, CAPITAINE BORDURE et ses partisans.

Mère Ubu

Bonjour, messieurs, nous vous attendons avec impatience. Asseyez-vous.

Capitaine Bordure

Bonjour, madame. Mais où est donc le Père Ubu?

Père Ubu

Me voilà! me voilà! Sapristi, de par ma chandelle verte, je suis pourtant assez gros.

Capitaine Bordure

Bonjour, Père Ubu. Asseyez-vous, mes hommes. (*Ils s'asseyent tous.*)

Père Ubu

Ouf, un peu plus, j'enfonçais ma chaise.

Capitaine Bordure

Eh ! Mère Ubu ! que nous donnez-vous de bon aujourd'hui ?

Mère Ubu

Voici le menu.

Père Ubu

Oh ! ceci m'intéresse.

Mère Ubu

Soupe polonaise, côtes de rastron, veau, poulet, pâté de chien, croupions de dinde, charlotte russe...

Père Ubu

Eh ! en voilà assez, je suppose. Y en a-t-il encore ?

Mère Ubu *(continuant).*

Bombe, salade, fruits, dessert, bouilli, topinambours, choux-fleurs à la merdre.

PÈRE UBU

Eh ! me crois-tu empereur d'Orient pour faire de telles dépenses ?

MÈRE UBU

Ne l'écoutez pas, il est imbécile.

PÈRE UBU

Ah ! je vais aiguiser mes dents contre vos mollets.

MÈRE UBU

Dîne plutôt, Père Ubu. Voilà de la polonaise.

PÈRE UBU

Bougre, que c'est mauvais.

CAPITAINE BORDURE

Ce n'est pas bon, en effet.

MÈRE UBU

Tas d'Arabes, que vous faut-il ?

PÈRE UBU (*se frappant le front*).

Oh ! j'ai une idée. Je vais revenir tout à l'heure. (*Il s'en va.*)

Mère Ubu

Messieurs, nous allons goûter du veau.

Capitaine Bordure

Il est très bon, j'ai fini.

Mère Ubu

Aux croupions, maintenant.

Capitaine Bordure

Exquis, exquis ! Vive la mère Ubu.

Tous

Vive la mère Ubu.

Père Ubu (*rentrant*).

Et vous allez bientôt crier vive le Père Ubu. (*Il tient un balai innommable à la main et le lance sur le festin.*)

Mère Ubu

Misérable, que fais-tu ?

Père Ubu

Goûtez un peu. (*Plusieurs goûtent et tombent empoisonnés.*)

Père Ubu

Mère Ubu, passe-moi les côtelettes de rastron, que je serve.

Mère Ubu

Les voici.

Père Ubu

A la porte tout le monde ! Capitaine Bordure, j'ai à vous parler.

Les Autres

Eh ! nous n'avons pas dîné.

Père Ubu

Comment, vous n'avez pas dîné ! A la porte tout le monde ! Restez, Bordure. (*Personne ne bouge.*)

Père Ubu

Vous n'êtes pas partis ? De par ma chandelle verte, je vais vous assommer de côtes de rastron. (*Il commence à en jeter.*)

Tous

Oh ! Aïe ! Au secours ! Défendons-nous ! malheur ! je suis mort !

Père Ubu

Merdre, merdre, merdre. A la porte ! je fais mon effet.

Tous

Sauve qui peut ! Misérable Père Ubu ! traître et gueux voyou !

Père Ubu

Ah ! les voilà partis. Je respire, mais j'ai fort mal dîné. Venez, Bordure. (*Ils sortent avec* la Mère Ubu.)

SCÈNE IV

PÈRE UBU, MÈRE UBU, CAPITAINE BORDURE

Père Ubu

Eh bien, capitaine, avez-vous bien dîné ?

Capitaine Bordure

Fort bien, monsieur, sauf la merdre.

PÈRE UBU

Eh! la merdre n'était pas mauvaise.

MÈRE UBU

Chacun son goût.

PÈRE UBU

Capitaine Bordure, je suis décidé à vous faire duc de Lithuanie.

CAPITAINE BORDURE

Comment, je vous croyais fort gueux, Père Ubu.

PÈRE UBU

Dans quelques jours, si vous voulez, je règne en Pologne.

CAPITAINE BORDURE

Vous allez tuer Venceslas?

PÈRE UBU

Il n'est pas bête, ce bougre, il a deviné.

CAPITAINE BORDURE

S'il s'agit de tuer Venceslas, j'en suis. Je suis

son mortel ennemi et je réponds de mes hommes.

Père Ubu *(se jetant sur lui pour l'embrasser).*

Oh ! Oh ! je vous aime beaucoup, Bordure.

Capitaine Bordure

Eh ! vous empestez, Père Ubu. Vous ne vous lavez donc jamais ?

Père Ubu

Rarement.

Mère Ubu

Jamais !

Père Ubu

Je vais te marcher sur les pieds.

Mère Ubu

Grosse merdre !

Père Ubu

Allez, Bordure, j'en ai fini avec vous. Mais par ma chandelle verte, je jure sur la Mère Ubu de vous faire duc de Lithuanie.

Mère Ubu

Mais...

Père Ubu

Tais-toi, ma douce enfant.

(Ils sortent.)

SCÈNE V

PÈRE UBU, MÈRE UBU, UN MESSAGER

Père Ubu

Monsieur, que voulez-vous ? fichez le camp, vous me fatiguez.

Le Messager

Monsieur, vous êtes appelé de par le roi.

(Il sort.)

Père Ubu

Oh ! merdre, jarnicotonbleu, de par ma chandelle verte, je suis découvert, je vais être décapité ! hélas ! hélas !!

MÈRE UBU

Quel homme mou ! et le temps presse.

PÈRE UBU

Oh ! j'ai une idée : je dirai que c'est la Mère Ubu et Bordure.

MÈRE UBU

Ah ! gros P. U., si tu fais ça...

PÈRE UBU

Eh ! j'y vais de ce pas.

(Il sort.)

MÈRE UBU *(courant après lui).*

Oh ! Père Ubu, Père Ubu, je te donnerai de l'andouille.

(Elle sort.)

PÈRE UBU *(dans la coulisse).*

Oh ! merdre ! tu en es une fière, d'andouille.

SCÈNE VI

Le palais du roi.

LE ROI VENCESLAS, entouré de ses officiers ; BORDURE ; les fils du roi, BOLESLAS, LADISLAS et BOUGRELAS. Puis LE PÈRE UBU.

Père Ubu (*entrant*).

Oh ! vous savez, ce n'est pas moi, c'est la Mère Ubu et Bordure.

Le Roi

Qu'as-tu, Père Ubu ?

Bordure

Il a trop bu.

Le Roi

Comme moi ce matin.

Père Ubu

Oui, je suis saoul, c'est parce que j'ai bu trop de vin de France.

Le Roi

Père Ubu, je tiens à récompenser tes nombreux services comme capitaine de dragons, et je te fais aujourd'hui comte de Sandomir.

Père Ubu

O monsieur Venceslas, je ne sais comment vous remercier.

Le Roi

Ne me remercie pas, Père Ubu, et trouve-toi demain matin à la grande revue.

Père Ubu

J'y serai, mais acceptez, de grâce, ce petit mirliton.
(*Il présente au roi un mirliton.*)

Le Roi

Que veux-tu à mon âge que je fasse d'un mirliton ? Je le donnerai à Bougrelas.

Le jeune Bougrelas

Est-il bête, ce Père Ubu.

Père Ubu

Et maintenant, je vais foutre le camp. (*Il tombe en se retournant.*) Oh ! aïe ! au secours ! De par ma chandelle verte, je me suis rompu l'intestin et crevé la bouzine !

Le Roi (*le relevant*).

Père Ubu, vous estes-vous fait mal ?

Père Ubu

Oui certes, et je vais sûrement crever. Que deviendra la Mère Ubu ?

Le Roi

Nous pourvoirons à son entretien.

Père Ubu

Vous avez bien de la bonté de reste. (*Il sort.*) Oui, mais, roi Venceslas, tu n'en seras pas moins massacré.

SCÈNE VII

La maison du Père Ubu.

GIRON, PILE, COTICE, PÈRE UBU, MÈRE UBU, Conjurés et Soldats, CAPITAINE BORDURE.

Père Ubu

Eh ! mes bons amis, il est grand temps d'arrêter le plan de la conspiration. Que chacun donne son avis. Je vais d'abord donner le mien, si vous le permettez.

Capitaine Bordure

Parlez, Père Ubu.

Père Ubu

Eh bien, mes amis, je suis d'avis d'empoisonner simplement le roi en lui fourrant de l'arsenic dans son déjeuner. Quand il voudra le brouter il tombera mort, et ainsi je serai roi.

Tous

Fi, le sagouin !

Père Ubu

Eh quoi, cela ne vous plaît pas ? Alors que Bordure donne son avis.

Capitaine Bordure

Moi, je suis d'avis de lui ficher un grand coup d'épée qui le fendra de la tête à la ceinture.

Tous

Oui ! voilà qui est noble et vaillant.

Père Ubu

Et s'il vous donne des coups de pied ? Je me rappelle maintenant qu'il a pour les revues des souliers de fer qui font très mal. Si je savais, je filerais vous dénoncer pour me tirer de cette sale affaire, et je pense qu'il me donnerait aussi de la monnaie.

Mère Ubu

Oh ! le traître, le lâche, le vilain et plat ladre.

Tous

Conspuez le Père Ubu !

Père Ubu

Ilé, messieurs, tenez-vous tranquilles si vous ne voulez visiter mes poches. Enfin je consens à m'exposer pour vous. De la sorte, Bordure, tu te charges de pourfendre le roi.

Capitaine Bordure

Ne vaudrait-il pas mieux nous jeter tous à la fois sur lui en braillant et gueulant? Nous aurions chance ainsi d'entraîner les troupes.

Père Ubu

Alors, voilà. Je tâcherai de lui marcher sur les pieds, il regimbera, alors je lui dirai : MERDRE, et à ce signal vous vous jetterez sur lui.

Mère Ubu

Oui, et dès qu'il sera mort tu prendras son sceptre et sa couronne.

Capitaine Bordure

Et je courrai avec mes hommes à la poursuite de la famille royale.

Père Ubu

Oui, et je te recommande spécialement le jeune Bougrelas.

(Ils sortent.)

Père Ubu *(courant après et les faisant revenir).*

Messieurs, nous avons oublié une cérémonie indispensable, il faut jurer de nous escrimer vaillamment.

Capitaine Bordure

Et comment faire ? Nous n'avons pas de prêtre.

Père Ubu

La Mère Ubu va en tenir lieu.

Tous

Eh bien, soit.

Père Ubu

Ainsi vous jurez de bien tuer le roi ?

Tous

Oui, nous le jurons. Vive le Père Ubu !

FIN DU PREMIER ACTE

ACTE II

ACTE II

SCÈNE PREMIÈRE

Le palais du roi.

VENCESLAS, LA REINE ROSEMONDE, BOLESLAS, LADISLAS et BOUGRELAS.

Le Roi

Monsieur Bougrelas, vous avez été ce matin fort impertinent avec Monsieur Ubu, chevalier de mes ordres et comte de Sandomir. C'est pourquoi je vous défends de paraître à ma revue.

La Reine

Cependant, Venceslas, vous n'auriez pas trop de toute votre famille pour vous défendre.

Le Roi

Madame, je ne reviens jamais sur ce que j'ai dit. Vous me fatiguez avec vos sornettes.

Le jeune Bougrelas

Je me soumets, monsieur mon père.

La Reine

Enfin, sire, êtes-vous toujours décidé à aller à cette revue ?

Le Roi

Pourquoi non, madame ?

La Reine

Mais, encore une fois, ne l'ai-je pas vu en songe vous frappant de sa masse d'armes et vous jetant dans la Vistule, et un aigle comme celui qui figure dans les armes de Pologne lui plaçant la couronne sur la tête ?

Le Roi

A qui ?

La Reine

Au Père Ubu.

Le Roi

Quelle folie. Monsieur de Ubu est un fort bon gentilhomme, qui se ferait tirer à quatre chevaux pour mon service.

La Reine et Bougrelas

Quelle erreur.

Le Roi

Taisez-vous, jeune sagouin. Et vous, madame, pour vous prouver combien je crains peu Monsieur Ubu, je vais aller à la revue comme je suis, sans arme et sans épée.

La Reine

Fatale imprudence, je ne vous reverrai pas vivant.

Le Roi

Venez, Ladislas, venez, Boleslas.
(*Ils sortent.* La Reine *et* Bougrelas *vont à la fenêtre.*)

La Reine et Bougrelas

Que Dieu et le grand saint Nicolas vous gardent.

La Reine

Bougrelas, venez dans la chapelle avec moi prier pour votre père et vos frères.

SCÈNE II

Le champ des revues.

L'armée polonaise, LE ROI, BOLESLAS, LADISLAS, PÈRE UBU, CAPITAINE BORDURE et ses hommes, GIRON, PILE, COTICE.

Le Roi

Noble Père Ubu, venez près de moi avec votre suite pour inspecter les troupes.

Père Ubu (*aux siens*).

Attention, vous autres. (*Au Roi.*) On y va, monsieur, on y va. (*Les hommes du Père Ubu entourent le Roi.*)

Le Roi

Ah ! voici le régiment des gardes à cheval de Dantzick. Ils sont fort beaux, ma foi.

PÈRE UBU

Vous trouvez ? Ils me paraissent misérables. Regardez celui-ci. (*Au soldat.*) Depuis combien de temps ne t'es-tu débarbouillé, ignoble drôle ?

LE ROI

Mais ce soldat est fort propre. Qu'avez-vous donc, Père Ubu ?

PÈRE UBU

Voilà ! (*Il lui écrase le pied.*)

LE ROI

Misérable !

PÈRE UBU

MERDRE. A moi, mes hommes !

BORDURE

Hurrah ! en avant ! (*Tous frappent le Roi, un Palotin explose.*)

LE ROI

Oh ! au secours ! Sainte Vierge, je suis mort.

BOLESLAS (*à Ladislas*).

Qu'est-ce là ? Dégaînons.

PÈRE UBU

Ah ! j'ai la couronne ! Aux autres, maintenant.

CAPITAINE BORDURE

Sus aux traîtres !! (*Les fils du Roi s'enfuient, tous les poursuivent.*)

SCÈNE III

LA REINE et BOUGRELAS

LA REINE

Enfin, je commence à me rassurer.

BOUGRELAS

Vous n'avez aucun sujet de crainte.
(*Une effroyable clameur se fait entendre au dehors.*)

Bougrelas

Ah ! que vois-je ? Mes deux frères poursuivis par le Père Ubu et ses hommes.

La Reine

O mon Dieu ! Sainte Vierge, ils perdent, ils perdent du terrain !

Bougrelas

Toute l'armée suit le Père Ubu. Le Roi n'est plus là. Horreur ! Au secours !

La Reine

Voilà Boleslas mort ! Il a reçu une balle.

Bougrelas

Eh ! (*Ladislas se retourne.*) Défends-toi ! Hurrah, Ladislas.

La Reine

Oh ! Il est entouré.

Bougrelas

C'en est fait de lui. Bordure vient de le couper en deux comme une saucisse.

La Reine

Ah ! Hélas ! Ces furieux pénètrent dans le palais, ils montent l'escalier.

(*La clameur augmente.*)

La Reine et Bougrelas (*à genoux*).

Mon Dieu, défendez-nous.

Bougrelas

Oh ! ce Père Ubu ! le coquin, le misérable, si je le tenais...

SCÈNE IV

LES MÊMES, la porte est défoncée, le PÈRE UBU et les forcenés pénètrent.

Père Ubu

Eh ! Bougrelas, que me veux-tu faire ?

Bougrelas

Vive Dieu ! je défendrai ma mère jusqu'à la mort ! Le premier qui fait un pas est mort.

Père Ubu

Oh ! Bordure, j'ai peur ! laissez-moi m'en aller.

Un Soldat *avance.*

Rends-toi, Bougrelas !

Le jeune Bougrelas

Tiens, voyou ! voilà ton compte ! (*Il lui fend le crâne.*)

La Reine

Tiens bon, Bougrelas, tiens bon !

Plusieurs *avancent.*

Bougrelas, nous te promettons la vie sauve.

Bougrelas

Chenapans, sacs à vins, sagouins payés ! (*Il fait le moulinet avec son épée et en fait un massacre.*)

Père Ubu

Oh ! je vais bien en venir à bout tout de même !

BOUGRELAS

Mère, sauve-toi par l'escalier secret.

LA REINE

Et toi, mon fils, et toi ?

BOUGRELAS

Je te suis.

PÈRE UBU

Tâchez d'attraper la reine. Ah ! la voilà partie. Quant à toi, misérable !... *(Il s'avance vers Bougrelas.)*

BOUGRELAS

Ah ! vive Dieu ! voilà ma vengeance ! *(Il lui découd la boudouille d'un terrible coup d'épée.)* Mère, je te suis ! *(Il disparaît par l'escalier secret.)*

SCÈNE V

Une caverne dans les montagnes.

Le jeune BOUGRELAS entre suivi de ROSEMONDE.

BOUGRELAS

Ici nous serons en sûreté.

La Reine

Oui, je le crois ! Bougrelas, soutiens-moi ! (*Elle tombe sur la neige.*)

Bougrelas

Ha ! qu'as-tu, ma mère ?

La Reine

Je suis bien malade, crois-moi, Bougrelas. Je n'en ai plus que pour deux heures à vivre.

Bougrelas

Quoi ! le froid t'aurait-il saisie ?

La Reine

Comment veux-tu que je résiste à tant de coups ? Le roi massacré, notre famille détruite, et toi, représentant de la plus noble race qui ait jamais porté l'épée, forcé de t'enfuir dans les montagnes comme un contrebandier.

Bougrelas

Et par qui, grand Dieu ! par qui ? Un vulgaire Père Ubu, aventurier sorti on ne sait d'où, vile crapule, vagabond honteux ! Et quand je pense que mon père l'a décoré et fait comte et que le lendemain ce vilain n'a pas eu honte de porter la main sur lui.

LA REINE

O Bougrelas ! Quand je me rappelle combien nous étions heureux avant l'arrivée de ce Père Ubu ! Mais maintenant, hélas ! tout est changé !

BOUGRELAS

Que veux-tu ? Attendons avec espérance et ne renonçons jamais à nos droits.

LA REINE

Je te le souhaite, mon cher enfant, mais pour moi je ne verrai pas cet heureux jour.

BOUGRELAS

Eh ! qu'as-tu ? Elle pâlit, elle tombe, au secours ! Mais je suis dans un désert ! O mon Dieu ! son cœur ne bat plus. Elle est morte ! Est-ce possible ? Encore une victime du Père Ubu ! (*Il se cache la figure dans les mains et pleure.*) O mon Dieu ! qu'il est triste de se voir seul à quatorze ans avec une vengeance terrible à poursuivre ! (*Il tombe en proie au plus violent désespoir.*)

(*Pendant ce temps les Ames de Venceslas, de Boleslas, de Ladislas, de Rosemonde entrent dans la grotte, leurs Ancêtres les accompagnent et remplissent la grotte. Le plus vieux s'approche de Bougrelas et le réveille doucement.*)

Bougrelas

Eh ! que vois-je ? toute ma famille, mes ancêtres... Par quel prodige ?

L'Ombre

Apprends, Bougrelas, que j'ai été pendant ma vie le seigneur Mathias de Kœnigsberg, le premier roi et le fondateur de la maison. Je te remets le soin de notre vengeance. (*Il lui donne une grande épée.*) Et que cette épée que je te donne n'ait de repos que quand elle aura frappé de mort l'usurpateur.

(*Tous disparaissent, et Bougrelas reste seul dans l'attitude de l'extase.*)

SCÈNE VI

Le palais du roi.

PÈRE UBU, MÈRE UBU, CAPITAINE BORDURE

Père Ubu

Non, je ne veux pas, moi ! Voulez-vous me ruiner pour ces bouffres ?

Capitaine Bordure

Mais enfin, Père Ubu, ne voyez-vous pas que le peuple attend le don de joyeux avènement ?

Mère Ubu

Si tu ne fais pas distribuer des viandes et de l'or, tu seras renversé d'ici deux heures.

Père Ubu

Des viandes, oui ! de l'or, non ! Abattez trois vieux chevaux, c'est bien bon pour de tels sagouins.

Mère Ubu

Sagouin toi-même ! Qui m'a bâti un animal de cette sorte ?

Père Ubu

Encore une fois, je veux m'enrichir, je ne lâcherai pas un sou.

Mère Ubu

Quand on a entre les mains tous les trésors de la Pologne.

Capitaine Bordure

Oui, je sais qu'il y a dans la chapelle un immense trésor, nous le distribuerons.

Père Ubu

Misérable, si tu fais ça !

Capitaine Bordure

Mais, Père Ubu, si tu ne fais pas de distributions le peuple ne voudra pas payer les impôts.

Père Ubu

Est-ce bien vrai ?

Mère Ubu

Oui, oui !

Père Ubu

Oh, alors je consens à tout. Réunissez trois

millions, cuisez cent cinquante bœufs et moutons, d'autant plus que j'en aurai aussi !

(Ils sortent.)

SCÈNE VII

La cour du palais pleine de peuple.

PÈRE UBU couronné, MÈRE UBU, CAPITAINE BORDURE, LARBINS chargés de viande.

Peuple

Voilà le Roi ! Vive le Roi ! hurrah !

Père Ubu *(jetant de l'or)*.

Tenez, voilà pour vous. Ça ne m'amusait guère de vous donner de l'argent, mais vous savez, c'est la Mère Ubu qui a voulu. Au moins promettez-moi de bien payer les impôts.

Tous

Oui, oui !

Capitaine Bordure

Voyez, Mère Ubu, s'ils se disputent cet or. Quelle bataille !

Mère Ubu

Il est vrai que c'est horrible. Pouah ! en voilà un qui a le crâne fendu.

Père Ubu

Quel beau spectacle ! Amenez d'autres caisses d'or.

Capitaine Bordure

Si nous faisions une course.

Père Ubu

Oui, c'est une idée. (*Au Peuple.*) Mes amis, vous voyez cette caisse d'or, elle contient trois cent mille nobles à la rose en or, en monnaie polonaise et de bon aloi. Que ceux qui veulent courir se mettent au bout de la cour. Vous partirez quand j'agiterai mon mouchoir et le premier arrivé aura la caisse. Quant à ceux qui ne gagneront pas, ils auront comme consolation cette autre caisse qu'on leur partagera.

Tous

Oui ! Vive le Père Ubu ! Quel bon roi ! On

n'en voyait pas tant du temps de Venceslas.

PÈRE UBU (*à la Mère Ubu, avec joie*).

Ecoute-les ! (*Tout le Peuple va se ranger au bout de la cour.*)

PÈRE UBU

Une, deux, trois ! Y êtes-vous ?

TOUS

Oui ! oui !

PÈRE UBU

Partez ! (*Ils partent en se culbutant. Cris et tumulte.*)

CAPITAINE BORDURE

Ils approchent ! ils approchent !

PÈRE UBU

Eh ! le premier perd du terrain.

MÈRE UBU

Non, il regagne maintenant.

CAPITAINE BORDURE

Oh ! il perd, il perd ! fini ! c'est l'autre !
(*Celui qui était deuxième arrive le premier.*)

TOUS

Vive Michel Fédérovitch ! Vive Michel Fédérovitch !

MICHEL FÉDÉROVITCH

Sire, je ne sais vraiment comment remercier Votre Majesté...

PÈRE UBU

Oh ! mon cher ami, ce n'est rien. Emporte ta caisse chez toi, Michel ; et vous, partagez-vous cette autre, prenez une pièce chacun jusqu'à ce qu'il n'y en ait plus.

TOUS

Vive Michel Fédérovitch ! Vive le Père Ubu !

PÈRE UBU

Et vous, mes amis, venez dîner ! Je vous ouvre aujourd'hui les portes du palais, veuillez faire honneur à ma table !

Peuple

Entrons ! Entrons ! Vive le Père Ubu ! c'est le plus noble des souverains !

(Ils entrent dans le palais. On entend le bruit de l'orgie qui se prolonge jusqu'au lendemain. La toile tombe.)

FIN DU DEUXIÈME ACTE

ACTE III

ACTE III

SCÈNE PREMIÈRE

Le palais.

PÈRE UBU, MÈRE UBU

Père Ubu

De par ma chandelle verte, me voici roi dans ce pays. Je me suis déjà flanqué une indigestion et on va m'apporter ma grande capeline.

Mère Ubu

En quoi est-elle, Père Ubu ? car nous avons beau être rois, il faut être économes.

Père Ubu

Madame ma femelle, elle est en peau de mouton, avec une agrafe et des brides en peau de chien.

MÈRE UBU

Voilà qui est beau, mais il est encore plus beau d'être rois.

PÈRE UBU

Oui, tu as eu raison, Mère Ubu.

MÈRE UBU

Nous avons une grande reconnaissance au duc de Lithuanie.

PÈRE UBU

Qui donc ?

MÈRE UBU

Eh ! le capitaine Bordure.

PÈRE UBU

De grâce, Mère Ubu, ne me parle pas de ce bouffre. Maintenant que je n'ai plus besoin de lui il peut bien se brosser le ventre, il n'aura point son duché.

MÈRE UBU

Tu as grand tort, Père Ubu, il va se tourner contre toi.

PÈRE UBU

Oh! je le plains bien, ce petit homme, je m'en soucie autant que de Bougrelas.

MÈRE UBU

Eh! crois-tu en avoir fini avec Bougrelas?

PÈRE UBU

Sabre à finances, évidemment! que veux-tu qu'il me fasse, ce petit sagouin de quatorze ans?

MÈRE UBU

Père Ubu, fais attention à ce que je te dis. Crois-moi, tâche de t'attacher Bougrelas par tes bienfaits.

PÈRE UBU

Encore de l'argent à donner. Ah! non, du coup! vous m'avez fait gâcher bien vingt-deux millions.

MÈRE UBU

Fais à ta tête, Père Ubu, il t'en cuira.

PÈRE UBU

Eh bien, tu seras avec moi dans la marmite.

Mère Ubu

Écoute, encore une fois, je suis sûre que le jeune Bougrelas l'emportera, car il a pour lui le bon droit.

Père Ubu

Ah ! saleté ! le mauvais droit ne vaut-il pas le bon ? Ah ! tu m'injuries, Mère Ubu, je vais te mettre en morceaux. (*La Mère Ubu se sauve poursuivie par le Père Ubu.*)

SCÈNE II

La grande salle du palais.

PÈRE UBU, MÈRE UBU, OFFICIERS et SOLDATS, GIRON, PILE, COTICE, NOBLES enchaînés, FINANCIERS, MAGISTRATS, GREFFIERS.

Père Ubu

Apportez la caisse à Nobles et le crochet à Nobles et le couteau à Nobles et le bouquin à Nobles ! ensuite, faites avancer les Nobles.
(*On pousse brutalement les Nobles.*)

MÈRE UBU

De grâce, modère-toi, Père Ubu.

PÈRE UBU

J'ai l'honneur de vous annoncer que pour enrichir le royaume je vais faire périr tous les Nobles et prendre leurs biens.

NOBLES

Horreur ! à nous, peuple et soldats !

PÈRE UBU

Amenez le premier Noble et passez-moi le crochet à Nobles. Ceux qui seront condamnés à mort, je les passerai dans la trappe, ils tomberont dans les sous-sols du Pince-Porc et de la Chambre-à-Sous, où on les décervèlera. — (*Au Noble.*) Qui es-tu, bouffre ?

LE NOBLE

Comte de Vitepsk.

PÈRE UBU

De combien sont tes revenus ?

LE NOBLE

Trois millions de rixdales.

Père Ubu

Condamné ! (*Il le prend avec le crochet et le passe dans le trou.*)

Mère Ubu

Quelle basse férocité !

Père Ubu

Second Noble, qui es-tu ? (Le Noble *ne répond rien.*) Répondras-tu, bouffre ?

Le Noble

Grand-duc de Posen.

Père Ubu

Excellent ! excellent ! Je n'en demande pas plus long. Dans la trappe. Troisième Noble, qui es-tu ? tu as une sale tête.

Le Noble

Duc de Courlande, des villes de Riga, de Revel et de Mitau.

Père Ubu

Très bien ! très bien ! Tu n'as rien autre chose ?

Le Noble

Rien.

Père Ubu

Dans la trappe, alors. Quatrième Noble, qui es-tu ?

Le Noble

Prince de Podolie.

Père Ubu

Quels sont tes revenus ?

Le Noble

Je suis ruiné.

Père Ubu

Pour cette mauvaise parole, passe dans la trappe. Cinquième Noble, qui es-tu ?

Le Noble

Margrave de Thorn, palatin de Polock.

Père Ubu

Ça n'est pas lourd. Tu n'as rien autre chose ?

Le Noble

Cela me suffisait.

Père Ubu

Eh bien! mieux vaut peu que rien. Dans la trappe. Qu'as-tu à pigner, Mère Ubu?

Mère Ubu

Tu es trop féroce, Père Ubu.

Père Ubu

Eh! je m'enrichis. Je vais faire lire MA liste de MES biens. Greffier, lisez MA liste de MES biens.

Le Greffier

Comté de Sandomir.

Père Ubu

Commence par les principautés, stupide bougre!

Le Greffier

Principauté de Podolie, grand-duché de Posen, duché de Courlande, comté de Sandomir, Comté de Vitepsk, palatinat de Polock, margraviat de Thorn.

Père Ubu

Et puis après?

Le Greffier

C'est tout.

Père Ubu

Comment, c'est tout ! Oh bien alors, en avant les Nobles, et comme je ne finirai pas de m'enrichir je vais faire exécuter tous les Nobles, et ainsi j'aurai tous les biens vacants. Allez, passez les Nobles dans la trappe. (*On empile les Nobles dans la trappe.*) Dépêchez-vous plus vite, je veux faire des lois maintenant.

Plusieurs

On va voir ça.

Père Ubu

Je vais d'abord réformer la justice, après quoi nous procéderons aux finances.

Plusieurs Magistrats

Nous nous opposons à tout changement.

Père Ubu

Merdre. D'abord les magistrats ne seront plus payés.

Magistrats

Et de quoi vivrons-nous ? Nous sommes pauvres.

Père Ubu

Vous aurez les amendes que vous prononcerez et les biens des condamnés à mort.

Un Magistrat

Horreur.

Deuxième

Infamie.

Troisième

Scandale.

Quatrième

Indignité.

Tous

Nous nous refusons à juger dans des conditions pareilles.

Père Ubu

A la trappe les magistrats ! (*Ils se débattent en vain.*)

Mère Ubu

Eh ! que fais-tu, Père Ubu ? Qui rendra maintenant la justice ?

Père Ubu

Tiens ! moi. Tu verras comme ça marchera bien.

Mère Ubu

Oui, ce sera du propre.

Père Ubu

Allons, tais-toi, bouffresque. Nous allons maintenant, messieurs, procéder aux finances.

Financiers

Il n'y a rien à changer.

Père Ubu

Comment, je veux tout changer, moi. D'abord je veux garder pour moi la moitié des impôts.

Financiers

Pas gêné.

Père Ubu

Messieurs, nous établirons un impôt de dix pour cent sur la propriété, un autre sur le commerce et l'industrie, et un troisième sur les mariages et un quatrième sur les décès, de quinze francs chacun.

4.

Premier Financier

Mais c'est idiot, Père Ubu.

Deuxième Financier

C'est absurde.

Troisième Financier

Ça n'a ni queue ni tête.

Père Ubu

Vous vous fichez de moi ! Dans la trappe les financiers ! (*On enfourne les financiers.*)

Mère Ubu

Mais enfin, Père Ubu, quel roi tu fais, tu massacres tout le monde.

Père Ubu

Eh merdre !

Mère Ubu

Plus de justice, plus de finances.

Père Ubu

Ne crains rien, ma douce enfant, j'irai moi-même de village en village recueillir les impôts.

SCÈNE III

Une maison de paysans dans les environs de Varsovie.

PLUSIEURS PAYSANS sont assemblés.

UN PAYSAN (*entrant*).

Apprenez la grande nouvelle. Le roi est mort, les ducs aussi et le jeune Bougrelas s'est sauvé avec sa mère dans les montagnes. De plus, le Père Ubu s'est emparé du trône.

UN AUTRE

J'en sais bien d'autres. Je viens de Cracovie, où j'ai vu emporter les corps de plus de trois cents nobles et de cinq cents magistrats qu'on a tués, et il paraît qu'on va doubler les impôts et que le Père Ubu viendra les ramasser lui-même.

TOUS

Grand Dieu! qu'allons-nous devenir? le Père

Ubu est un affreux sagouin et sa famille est, dit-on, abominable.

Un paysan

Mais, écoutez : ne dirait-on pas qu'on frappe à la porte ?

Une Voix (*au dehors*).

Cornegidouille ! Ouvrez, de par ma merdre, par saint Jean, saint Pierre et saint Nicolas ! ouvrez, sabre à finances, corne finances, je viens chercher les impôts ! (*La porte est défoncée, le Père Ubu pénètre suivi d'une légion de Grippe-Sous.*)

SCÈNE IV

Père Ubu

Qui de vous est le plus vieux ? (*Un Paysan s'avance.*) Comment te nommes-tu ?

Le Paysan

Stanislas Leczinski.

Père Ubu

Eh bien, cornegidouille, écoute-moi bien, sinon ces messieurs te couperont les oneilles. Mais, vas-tu m'écouter enfin ?

Stanislas

Mais Votre Excellence n'a encore rien dit.

Père Ubu

Comment, je parle depuis une heure. Crois-tu que je vienne ici pour prêcher dans le désert ?

Stanislas

Loin de moi cette pensée.

Père Ubu

Je viens donc te dire, t'ordonner et te signifier que tu aies à produire et exhiber promptement ta finance, sinon tu seras massacré. Allons, messeigneurs les salopins de finance, voiturez ici le voiturin à phynances. (*On apporte le voiturin.*)

Stanislas

Sire, nous ne sommes inscrits sur le registre que pour cent cinquante-deux rixdales que nous avons déjà payées, il y aura tantôt six semaines à la Saint Mathieu.

Père Ubu

C'est fort possible, mais j'ai changé le gouvernement et j'ai fait mettre dans le journal qu'on paierait deux fois tous les impôts et trois fois ceux qui pourront être désignés ultérieurement. Avec ce système j'aurai vite fait fortune, alors je tuerai tout le monde et je m'en irai.

Paysans

Monsieur Ubu, de grâce, ayez pitié de nous. Nous sommes de pauvres citoyens.

Père Ubu

Je m'en fiche. Payez.

Paysans

Nous ne pouvons, nous avons payé.

Père Ubu

Payez! ou ji vous mets dans ma poche avec supplice et décollation du cou et de la tête! Cornegidouille, je suis le roi peut-être!

Tous

Ah, c'est ainsi ! Aux armes ! Vive Bougrelas, par la grâce de Dieu roi de Pologne et de Lithuanie !

Père Ubu

En avant, messieurs des Finances, faites votre devoir.

(*Une lutte s'engage, la maison est détruite et le vieux* Stanislas *s'enfuit seul à travers la plaine. Le Père Ubu reste à ramasser la finance.*)

SCÈNE V

Une casemate des fortifications de Thorn.

CAPITAINE BORDURE enchaîné, PÈRE UBU.

Père Ubu

Ah ! citoyen, voilà ce que c'est, tu as voulu que je te paye ce que je te devais, alors tu t'es révolté parce que je n'ai pas voulu, tu as conspiré et te voilà coffré. Cornefinance, c'est bien fait, et le tour est si bien joué que tu dois toi-même le trouver fort à ton goût

CAPITAINE BORDURE

Prenez garde, Père Ubu. Depuis cinq jours que vous êtes roi, vous avez commis plus de meurtres qu'il n'en faudrait pour damner tous les saints du Paradis. Le sang du roi et des nobles crie vengeance et ses cris seront entendus.

PÈRE UBU

Eh ! mon bel ami, vous avez la langue fort bien pendue. Je ne doute pas que si vous vous échappiez il en pourrait résulter des complications, mais je ne crois pas que les casemates de Thorn aient jamais lâché quelqu'un des honnêtes garçons qu'on leur avait confiés. C'est pourquoi, bonne nuit, et je vous invite à dormir sur les deux oreilles, bien que les rats dansent ici une assez belle sarabande.

(*Il sort*. Les Larbins *viennent verrouiller toutes les portes.*)

SCÈNE VI

Le palais de Moscou.

L'EMPEREUR ALEXIS et sa Cour, BORDURE

Le Czar Alexis

C'est vous, infâme aventurier, qui avez coopéré à la mort de notre cousin Venceslas ?

Bordure

Sire, pardonnez-moi, j'ai été entraîné malgré moi par le Père Ubu.

Alexis

Oh ! l'affreux menteur. Enfin, que désirez-vous ?

Bordure

Le Père Ubu m'a fait emprisonner sous prétexte de conspiration, je suis parvenu à m'échapper et j'ai couru cinq jours et cinq nuits à cheval à travers les steppes pour venir implorer Votre gracieuse miséricorde.

Alexis

Que m'apportes-tu comme gage de ta soumission ?

Bordure

Mon épée d'aventurier et un plan détaillé de la ville de Thorn.

Alexis

Je prends l'épée, mais, par Saint Georges, brûlez ce plan, je ne veux pas devoir ma victoire à une trahison.

Bordure

Un des fils de Venceslas, le jeune Bougrelas, est encore vivant, je ferai tout pour le rétablir.

Alexis

Quel grade avais-tu dans l'armée polonaise ?

Bordure

Je commandais le 5ᵉ régiment des dragons de Wilna et une compagnie franche au service du Père Ubu.

Alexis

C'est bien, je te nomme sous-lieutenant au

10ᵉ régiment de Cosaques, et gare à toi si tu trahis. Si tu te bats bien, tu seras récompensé.

BORDURE

Ce n'est pas le courage qui me manque, Sire.

ALEXIS

C'est bien, disparais de ma présence.

(Bordure *sort.*)

SCÈNE VII

La salle du Conseil d'Ubu.

PÈRE UBU, MÈRE UBU, CONSEILLERS DE FINANCES

PÈRE UBU

Messieurs, la séance est ouverte et tâchez de bien écouter et de vous tenir tranquilles. D'abord, nous allons faire le chapitre des finances, ensuite nous parlerons d'un petit système que j'ai imaginé pour faire venir le beau temps et conjurer la pluie.

Un Conseiller

Fort bien, monsieur Ubu.

Mère Ubu

Quel sot homme.

Père Ubu

Madame de ma merdre, garde à vous, car je ne souffrirai pas vos sottises. Je vous disais donc, messieurs, que les finances vont passablement. Un nombre considérable de chiens à bas de laine se répand chaque matin dans les rues et les salopins font merveille. De tous côtés on ne voit que des maisons brûlées et des gens pliant sous le poids de nos phynances.

Le Conseiller

Et les nouveaux impôts, monsieur Ubu, vont-ils bien ?

Mère Ubu

Point du tout. L'impôt sur les mariages n'a encore produit que 11 sous, et encore le Père Ubu poursuit les gens partout pour les forcer à se marier.

Père Ubu

Sabre à finances, corne de ma gidouille, madame la financière, j'ai des oneilles pour parler et vous une bouche pour m'entendre. (*Éclats de rire.*) Ou plutôt non ! Vous me faites tromper et vous êtes cause que je suis bête ! Mais, corne d'Ubu ! (*Un Messager entre.*) Allons, bon, qu'a-t-il encore celui-là ? Va-t-en, sagouin, ou je te poche avec décollation et torsion des jambes.

Mère Ubu

Ah ! le voilà dehors, mais il y a une lettre.

Père Ubu

Lis-la. Je crois que je perds l'esprit ou que je ne sais pas lire. Dépêche-toi, bouffresque, ce doit être de Bordure.

Mère Ubu

Tout justement. Il dit que le czar l'a accueilli très bien, qu'il va envahir tes États pour rétablir Bougrelas et que toi tu seras tué.

Père Ubu

Ho ! ho ! J'ai peur ! J'ai peur ! Ha ! je pense

mourir. O pauvre homme que je suis. Que devenir, grand Dieu ? Ce méchant homme va me tuer. Saint Antoine et tous les saints, protégez-moi, je vous donnerai de la phynance et je brûlerai des cierges pour vous. Seigneur, que devenir ? (*Il pleure et sanglote.*)

MÈRE UBU

Il n'y a qu'un parti à prendre, Père Ubu.

PÈRE UBU

Lequel, mon amour ?

MÈRE UBU

La guerre !!

TOUS

Vive Dieu ! Voilà qui est noble !

PÈRE UBU

Oui, et je recevrai encore des coups.

PREMIER CONSEILLER

Courons, courons organiser l'armée.

DEUXIÈME

Et réunir les vivres.

TROISIÈME

Et préparer l'artillerie et les forteresses.

QUATRIÈME

Et prendre l'argent pour les troupes.

PÈRE UBU

Ah! non, par exemple! Je vais te tuer, toi, je ne veux pas donner d'argent. En voilà d'une autre! J'étais payé pour faire la guerre et maintenant il faut la faire à mes dépens. Non, de par ma chandelle verte, faisons la guerre, puisque vous en êtes enragés, mais ne déboursons pas un sou.

TOUS

Vive la guerre!

SCÈNE VIII

Le camp sous Varsovie.

SOLDATS et PALOTINS

Vive la Pologne! Vive le Père Ubu!

PÈRE UBU

Ah! Mère Ubu, donne-moi ma cuirasse et

mon petit bout de bois. Je vais être bientôt tellement chargé que je ne saurais marcher si j'étais poursuivi.

MÈRE UBU

Fi, le lâche.

PÈRE UBU

Ah ! voilà le sabre à merdre qui se sauve et le croc à finances qui ne tient pas !!! Je n'en finirai jamais, et les Russes avancent et vont me tuer.

UN SOLDAT

Seigneur Ubu, voilà le ciseau à oneilles qui tombe.

PÈRE UBU

Ji tou tue au moyen du croc à merdre et du couteau à figure.

MÈRE UBU

Comme il est beau avec son casque et sa cuirasse, on dirait une citrouille armée.

PÈRE UBU

Ah ! maintenant je vais monter à cheval. Amenez, messieurs, le cheval à phynances.

Mère Ubu

Père Ubu, ton cheval ne saurait plus te porter, il n'a rien mangé depuis cinq jours et est presque mort.

Père Ubu

Elle est bonne celle-là ! On me fait payer 12 sous par jour pour cette rosse et elle ne me peut porter. Vous vous fichez, corne d'Ubu, ou bien si vous me volez ? (La Mère Ubu *rougit et baisse les yeux.*) Alors, que l'on m'apporte une autre bête, mais je n'irai pas à pied, cornegidouille !

(*On amène un énorme cheval.*)

Père Ubu

Je vais monter dessus. Oh ! assis plutôt ! car je vais tomber. (*Le cheval part.*) Ah ! arrêtez ma bête. Grand Dieu, je vais tomber et être mort !!!

Mère Ubu

Il est vraiment imbécile. Ah ! le voilà relevé. Mais il est tombé par terre.

Père Ubu

Corne physique, je suis à moitié mort ! Mais c'est égal, je pars en guerre et je tuerai tout le monde. Gare à qui ne marchera pas droit. Ji lon mets dans ma poche avec torsion du nez et des dents et extraction de la langue.

Mère Ubu

Bonne chance, monsieur Ubu.

Père Ubu

J'oubliais de te dire que je te confie la régence. Mais j'ai sur moi le livre des finances, tant pis pour toi si tu me voles. Je te laisse pour t'aider le Palotin Giron. Adieu, Mère Ubu.

Mère Ubu

Adieu, Père Ubu. Tue bien le czar.

Père Ubu

Pour sûr. Torsion du nez et des dents, extraction de la langue et enfoncement du petit bout de bois dans les oreilles.

(*L'armée s'éloigne au bruit des fanfares.*)

Mère Ubu (*seule*).

Maintenant, que ce gros pantin est parti, tâchons de faire nos affaires, tuer Bougrelas et nous emparer du trésor.

FIN DU TROISIÈME ACTE

ACTE IV

ACTE IV

SCÈNE PREMIÈRE

La crypte des anciens rois de Pologne dans la cathédrale de Varsovie.

MÈRE UBU

Où donc est ce trésor? Aucune dalle ne sonne creux. J'ai pourtant bien compté treize pierres après le tombeau de Ladislas le Grand en allant le long du mur, et il n'y a rien. Il faut qu'on m'ait trompée. Voilà cependant: ici la pierre sonne creux. A l'œuvre, Mère Ubu. Courage, descellons cette pierre. Elle tient bon. Prenons ce bout de croc à finances qui fera encore son office. Voilà! voilà l'or au milieu des ossements des rois. Dans notre sac, alors, tout! Eh! quel est ce bruit? Dans ces vieilles voûtes y aurait-il encore des vivants ? Non, ce n'est rien, hâtons-nous. Prenons tout. Cet argent sera mieux à la face du jour qu'au milieu des tombeaux des anciens princes. Remettons la pierre. Eh quoi ! toujours ce bruit. Ma présence en ces lieux me cause une étrange frayeur. Je prendrai le reste de cet or une autre fois, je reviendrai demain.

UNE VOIX (*sortant du tombeau de Jean Sigismond*).

Jamais, Mère Ubu !
(*La Mère Ubu se sauve affolée emportant l'or volé par la porte secrète.*)

SCÈNE II

La place de Varsovie.

BOUGRELAS et SES PARTISANS, PEUPLE et SOLDATS, puis GARDES, MÈRE UBU, LE PALOTIN GIRON.

BOUGRELAS

En avant, mes amis ! Vive Venceslas et la Pologne ! le vieux gredin de Père Ubu est parti, il ne reste plus que la sorcière de Mère Ubu avec son Palotin. Je m'offre à marcher à votre tête et à rétablir la race de mes pères.

Tous

Vive Bougrelas !

Bougrelas

Et nous supprimerons tous les impôts établis par l'affreux Père Ub.

Tous

Hurrah ! en avant ! Courons au palais et massacrons cette engeance.

Bougrelas

Eh ! voilà la mère Ubu qui sort avec ses gardes sur le perron !

Mère Ubu

Que voulez-vous, messieurs ? Ah ! c'est Bougrelas.

(*La foule lance des pierres.*)

Premier Garde

Tous les carreaux sont cassés.

Deuxième Garde

Saint Georges, me voilà assommé.

Troisième Garde

Cornebleu, je meurs.

Bougrelas

Lancez des pierres, mes amis.

Le Palotin Giron

Hon ! C'est ainsi ! (*Il dégaîne et se précipite faisant un carnage épouvantable.*)

Bougrelas

A nous deux ! Défends-toi, lâche pistolet.
(*Ils se battent.*)

Giron

Je suis mort !

Bougrelas

Victoire, mes amis ! Sus à la Mère Ubu !
(*On entend des trompettes.*)

Bougrelas

Ah ! voilà les Nobles qui arrivent. Courons, attrapons la mauvaise harpie !

Tous

En attendant que nous étranglions le vieux bandit !
(La Mère Ubu *se sauve poursuivie par tous les Polonais. Coups de fusil et grêle de pierres.*)

SCÈNE III

L'armée polonaise en marche dans l'Ukraine.

Père Ubu

Cornebleu, jambedieu, tête de vache ! nous allons périr, car nous mourons de soif et sommes fatigué. Sire Soldat, ayez l'obligeance de porter notre casque à finances, et vous, sire Lancier, chargez-vous du ciseau à merdre et du bâton à physique pour soulager notre personne, car, je le répète, nous sommes fatigué.
(*Les soldats obéissent.*)

Pile

Hon ! Monsieuye ! il est étonnant que les Russes n'apparaissent point.

Père Ubu

Il est regrettable que l'état de nos finances ne nous permette pas d'avoir une voiture à notre taille ; car, par crainte de démolir notre monture, nous avons fait tout le chemin à pied, traînant notre cheval par la bride. Mais quand nous serons de retour en Pologne, nous imaginerons, au moyen de notre science en physique et aidé des lumières de nos conseillers, une voiture à vent pour transporter toute l'armée.

Cotice

Voilà Nicolas Rensky qui se précipite.

Père Ubu

Et qu'a-t-il, ce garçon ?

Rensky

Tout est perdu, Sire, les Polonais sont révoltés, Giron est tué et la mère Ubu est en fuite dans les montagnes.

Père Ubu

Oiseau de nuit, bête de malheur, hibou à guêtres ! Où as-tu pêché ces sornettes ? En voilà d'une autre ! Et qui a fait ça ? Bougrelas, je parie. D'où viens-tu ?

Rensky

De Varsovie, noble seigneur.

Père Ubu

Garçon de ma merdre, si je t'en croyais je ferais rebrousser chemin à toute l'armée. Mais, seigneur garçon, il y a sur tes épaules plus de plumes que de cervelle et tu as rêvé des sottises. Va aux avant-postes, mon garçon, les Russes ne sont pas loin et nous aurons bientôt à estocader de nos armes, tant à merdre qu'à phynances et à physique.

Le Général Lascy

Père Ubu, ne voyez-vous pas dans la plaine les Russes ?

Père Ubu

C'est vrai, les Russes ! Me voilà joli. Si encore il y avait moyen de s'en aller, mais pas du tout, nous sommes sur une hauteur et nous serons en butte à tous les coups.

L'Armée

Les Russes ! L'ennemi !

Père Ubu

Allons, messieurs, prenons nos dispositions pour la bataille. Nous allons rester sur la colline et ne commettrons point la sottise de descendre en bas. Je me tiendrai au milieu comme une citadelle vivante et vous autres graviterez autour de moi. J'ai à vous recommander de mettre dans les fusils autant de balles qu'ils en pourront tenir, car 8 balles peuvent tuer 8 Russes et c'est autant que je n'aurai pas sur le dos. Nous mettrons les fantassins à pied au bas de la colline pour recevoir les Russes et les tuer un peu, les cavaliers derrière pour se jeter dans la confusion, et l'artillerie autour du moulin à vent ici présent pour tirer dans le tas. Quant à nous, nous nous tiendrons dans le moulin à vent et tirerons avec le pistolet à phynances par la fenêtre, en travers de la porte nous placerons le bâton à physique, et si quelqu'un essaye d'entrer, gare au croc à merdre !!!

Officiers

Vos ordres, Sire Ubu, seront exécutés.

Père Ubu

Eh ! cela va bien, nous serons vainqueurs. Quelle heure est-il ?

Le Général Lascy

Onze heures du matin.

Père Ubu

Alors, nous allons dîner, car les Russes n'attaqueront pas avant midi. Dites aux soldats, seigneur Général, de faire leurs besoins et d'entonner la Chanson à Finances.

(*Lascy s'en va.*)

Soldats et Palotins

Vive le Père Ubé, notre grand Financier ! Ting, ting, ting ; ting, ting, ting ; ting, ting, tating !

Père Ubu

O les braves gens, je les adore. (*Un boulet russe arrive et casse l'aile du moulin.*) Ah ! j'ai peur, Sire Dieu, je suis mort ! et cependant non, je n'ai rien.

SCÈNE IV

LES MÊMES, UN CAPITAINE, puis L'ARMÉE RUSSE.

Un Capitaine (*arrivant*).

Sire Ubu, les Russes attaquent.

Père Ubu

Eh bien, après, que veux-tu que j'y fasse? ce n'est pas moi qui le leur ai dit. Cependant, Messieurs des Finances, préparons-nous au combat.

Le Général Lascy

Un second boulet.

Père Ubu

Ah! je n'y tiens plus. Ici il pleut du plomb et du fer et nous pourrions endommager notre précieuse personne. Descendons. (*Tous descendent au pas de course. La bataille vient de s'engager. Ils disparaissent dans des torrents de fumée au pied de la colline.*)

Un Russe (*frappant*).

Pour Dieu et le Czar !

Rensky

Ah ! je suis mort.

Père Ubu

En avant ! Ah, toi, Monsieur, que je t'attrape, car tu m'as fait mal, entends-tu ? sac à vin ! avec ton flingot qui ne part pas.

Le Russe

Ah ! voyez-vous ça. (*Il lui tire un coup de revolver.*)

Père Ubu

Ah ! Oh ! Je suis blessé, je suis troué, je suis perforé, je suis administré, je suis enterré. Oh, mais tout de même ! Ah ! je le tiens. (*Il le déchire.*) Tiens ! recommenceras-tu, maintenant !

Le Général Lascy

En avant, poussons vigoureusement, passons le fossé, la victoire est à nous.

Père Ubu

Tu crois? Jusqu'ici je sens sur mon front plus de bosses que de lauriers.

Cavaliers russes

Hurrah ! Place au Czar !
(Le Czar *arrive accompagné de* Bordure *déguisé.*)

Un Polonais

Ah! Seigneur! Sauve qui peut, voilà le Czar !

Un Autre

Ah ! mon Dieu ! il passe le fossé.

Un Autre

Pif! Paf! en voilà quatre d'assommés par ce grand bougre de lieutenant.

Bordure

Ah ! vous n'avez pas fini, vous autres! Tiens, Jean Sobiesky, voilà ton compte. (*Il l'assomme.*) A d'autres, maintenant ! (*Il fait un massacre de Polonais.*)

Père Ubu

En avant, mes amis ! Attrapez ce bélître! En

compote les Moscovites ! La victoire est à nous. Vive l'Aigle Rouge !

Tous

En avant ! Hurrah ! Jambedieu ! Attrapez le grand bougre.

Bordure

Par saint Georges, je suis tombé.

Père Ubu (*le reconnaissant*).

Ah ! c'est toi, Bordure ! Ah ! mon ami. Nous sommes bien heureux ainsi que toute la compagnie de te retrouver. Je vais te faire cuire à petit feu. Messieurs des Finances, allumez du feu. Oh ! Ah ! Oh ! Je suis mort. C'est au moins un coup de canon que j'ai reçu. Ah ! mon Dieu, pardonnez-moi mes péchés. Oui, c'est bien un coup de canon.

Bordure

C'est un coup de pistolet chargé à poudre.

Père Ubu

Ah ! tu te moques de moi ! Encore ! A la poche ! (*Il se rue sur lui et le déchire.*)

Le Général Lascy

Père Ubu, nous avançons partout.

Père Ubu

Je le vois bien, je n'en peux plus, je suis criblé de coups de pied, je voudrais m'asseoir par terre. Oh ! ma bouteille.

Le Général Lascy

Allez prendre celle du Czar, Père Ubu.

Père Ubu

Eh ! j'y vais de ce pas. Allons ! sabre à merdre, fais ton office, et toi, croc à finances, ne reste pas en arrière. Que le bâton à physique travaille d'une généreuse émulation et partage avec le petit bout de bois l'honneur de massacrer, creuser et exploiter l'Empereur moscovite. En avant, Monsieur notre cheval à finances ! (*Il se rue sur le Czar.*)

Un Officier russe

En garde, Majesté !

Père Ubu

Tiens, toi ! Oh ! aïe ! Ah ! mais tout de même.

Ah! monsieur, pardon, laissez-moi tranquille.
Oh! mais, je n'ai pas fait exprès!
(*Il se sauve. Le Czar le poursuit.*)

Père Ubu

Sainte Vierge, cet enragé me poursuit! Qu'ai-je fait, grand Dieu! Ah! bon, il y a encore le fossé à repasser. Ah! je le sens derrière moi et le fossé devant! Courage, fermons les yeux.
(*Il saute le fossé. Le Czar y tombe.*)

Le Czar

Bon, je suis dedans.

Polonais

Hurrah! le Czar est à bas!

Père Ubu

Ah! j'ose à peine me retourner! Il est dedans. Ah! c'est bien fait et on tape dessus. Allons, Polonais, allez-y à tour de bras, il a bon dos le misérable! Moi je n'ose pas le regarder! Et cependant notre prédiction s'est complètement réalisée, le bâton à physique a fait merveilles et nul doute que je ne l'eusse complètement tué si une inexplicable terreur n'était venue combattre et annuler en nous les effets de notre courage. Mais nous avons dû soudainement tourner casaque, et nous n'avons dû notre salut qu'à notre habileté comme cavalier ainsi qu'à la solidité des jarrets de notre cheval à finances, dont la rapidité n'a d'égale que la stabilité et dont la légèreté fait la célébrité, ainsi qu'à la profondeur du fossé qui s'est trouvé fort à propos sous les pas de l'ennemi de nous l'ici présent Maître des Phynances. Tout ceci est fort beau, mais personne ne m'écoute. Allons ! bon, ça recommence !

(Les Dragons russes *font une charge et délivrent* le Czar.)

Le Général Lascy

Cette fois, c'est la débandade.

Père Ubu

Ah ! voici l'occasion de se tirer des pieds. Or donc, Messieurs les Polonais, en avant ! ou plutôt, en arrière !

Polonais

Sauve qui peut !

Père Ubu

Allons ! en route. Quel tas de gens, quelle fuite, quelle multitude, comment me tirer de ce gâchis? (*Il est bousculé.*) Ah ! mais toi ! fais attention, ou tu vas expérimenter la bouillante valeur du Maître des Finances. Ah ! il est parti, sauvons-nous et vivement pendant que Lascy ne nous voit pas. (*Il sort, ensuite on voit passer* le Czar *et* l'Armée russe *poursuivant* les Polonais.)

SCÈNE V

Une caverne en Lithuanie (il neige).

PÈRE UBU, PILE, COTICE

Père Ubu

Ah ! le chien de temps, il gèle à pierre à fendre et la personne du Maître des Finances s'en trouve fort endommagée.

Pile

Hon ! Monsieuye Ubu, êtes-vous remis de votre terreur et de votre fuite ?

Père Ubu.

Oui ! je n'ai plus peur, mais j'ai encore la fuite.

Cotice (*à part*).

Quel pourceau.

Père Ubu

Eh ! sire Cotice, votre oneille, comment va-t-elle ?

Cotice

Aussi bien, Monsieuye, qu'elle peut aller tout en allant très mal. Par conséiquent de quoye, le plomb la penche vers la terre et je n'ai pu extraire la balle.

Père Ubu

Tiens, c'est bien fait ! Toi, aussi, tu voulais toujours taper les autres. Moi j'ai déployé la plus grande valeur, et sans m'exposer j'ai massacré quatre ennemis de ma propre main, sans compter tous ceux qui étaient déjà morts et que nous avons achevés.

Cotice

Savez-vous, Pile, ce qu'est devenu le petit Rensky ?

Pile

Il a reçu une balle dans la tête.

Père Ubu

Ainsi que le coquelicot et le pissenlit à la

fleur de leur âge sont fauchés par l'impitoyable faux de l'impitoyable faucheur qui fauche impitoyablement leur pitoyable binette, — ainsi le petit Rensky a fait le coquelicot ; il s'est fort bien battu cependant, mais aussi il y avait trop de Russes.

PILE et COTICE

Hon, Monsieuye !

UN ÉCHO

Hhrron !

PILE

Qu'est-ce ? Armons-nous de nos lumelles.

PÈRE UBU

Ah, non ! par exemple, encore des Russes, je parie ! J'en ai assez ! et puis c'est bien simple, s'ils m'attrapent ji lon fous à la poche.

SCÈNE VI

LES MÊMES, entre UN OURS.

COTICE

Hon, Monsieuye des Finances !

Père Ubu

Oh ! tiens, regardez donc le petit toutou. Il est gentil, ma foi.

Pile

Prenez garde ! Ah ! quel énorme ours : mes cartouches !

Père Ubu

Un ours ! Ah ! l'atroce bête. Oh ! pauvre homme, me voilà mangé. Que Dieu me protège. Et il vient sur moi. Non, c'est Cotice qu'il attrape. Ah ! je respire. (L'Ours *se jette sur Cotice. Pile l'attaque à coups de couteau. Ubu se réfugie sur un rocher.*)

Cotice

A moi, Pile ! à moi ! au secours, Monsieuye Ubu !

Père Ubu

Bernique ! Débrouille-toi, mon ami ; pour le moment, nous faisons notre Pater Noster. Chacun son tour d'être mangé.

Pile

Je l'ai, je le tiens.

Cotice

Ferme, ami, il commence à me lâcher.

Père Ubu

Sanctificetur nomen tuum.

Cotice

Lâche bougre !

Pile

Ah ! il me mord ! O Seigneur, sauvez-nous, je suis mort.

Père Ubu

Fiat voluntas tua.

Cotice

Ah ! j'ai réussi à le blesser.

Pile

Hurrah ! il perd son sang. (*Au milieu des cris des* Palotins, *l'Ours* beugle de douleur et Ubu continue à marmotter.)

Cotice

Tiens-le ferme, que j'attrape mon coup-de-poing explosif.

Père Ubu

Panem nostrum quotidianum da nobis hodie.

Pile

L'as-tu enfin, je n'en peux plus.

Père Ubu

Sicut et nos dimittimus debitoribus nostris.

Cotice

Ah! je l'ai. (*Une explosion retentit et* l'Ours *tombe mort.*)

Pile et Cotice

Victoire !

Père Ubu

Sed libera nos a malo. Amen. Enfin, est-il bien mort ? Puis-je descendre de mon rocher ?

Pile (*avec mépris*).

Tant que vous voudrez.

Père Ubu (*descendant*).

Vous pouvez vous flatter que si vous êtes encore vivants et si vous foulez encore la neige de Lithuanie, vous le devez à la vertu magnanime du Maître des Finances, qui s'est évertué, échiné et égosillé à débiter des patenôtres pour votre salut, et qui a manié avec autant de courage le glaive spirituel de la prière que vous avez manié avec adresse le temporel de l'ici présent Palotin Cotice coup-de-poing explosif. Nous avons même poussé plus loin notre dévouement, car nous n'avons pas hésité à monter sur un rocher fort haut pour que nos prières aient moins loin à arriver au ciel.

PILE

Révoltante bourrique.

PÈRE UBU

Voici une grosse bête. Grâce à moi, vous avez de quoi souper. Quel ventre, messieurs ! Les Grecs y auraient été plus à l'aise que dans le cheval de bois, et peu s'en est fallu, chers amis, que nous n'ayons pu aller vérifier de nos propres yeux sa capacité intérieure.

PILE

Je meurs de faim. Que manger ?

COTICE

L'ours !

Père Ubu

Eh ! pauvres gens, allez-vous le manger tout cru ? Nous n'avons rien pour faire du feu.

Pile

N'avons-nous pas nos pierres à fusil ?

Père Ubu

Tiens, c'est vrai. Et puis il me semble que voilà non loin d'ici un petit bois où il doit y avoir des branches sèches. Va en chercher, Sire Cotice. (Cotice *s'éloigne à travers la neige.*)

Pile

Et maintenant, Sire Ubu, allez dépecer l'ours.

Père Ubu

Oh non ! Il n'est peut-être pas mort. Tandis que toi, qui es déjà à moitié mangé et mordu de toutes parts, c'est tout à fait dans ton rôle. Je vais allumer du feu en attendant qu'il apporte du bois. (Pile *commence à dépecer l'ours.*)

Père Ubu

Oh, prends garde ! il a bougé.

PILE.

Mais, Sire Ubu, il est déjà tout froid.

PÈRE UBU

C'est dommage, il aurait mieux valu le manger chaud. Ceci va procurer une indigestion au Maître des Finances.

PILE (à part).

C'est révoltant. (*Haut.*) Aidez-nous un peu, Monsieur Ubu, je ne puis faire toute la besogne.

PÈRE UBU

Non, je ne veux rien faire, moi! Je suis fatigué, bien sûr!

COTICE (*rentrant*).

Quelle neige, mes amis, on se dirait en Castille ou au pôle Nord. La nuit commence à tomber. Dans une heure il fera noir. Hâtons-nous pour voir encore clair.

PÈRE UBU

Oui, entends-tu, Pile? hâte-toi. Hâtez-vous

tous les deux ! Embrochez la bête, cuisez la bête, j'ai faim, moi !

Pile

Ah, c'est trop fort, à la fin ! Il faudra travailler ou bien tu n'auras rien, entends-tu, goinfre !

Père Ubu

Oh ! ça m'est égal, j'aime autant le manger tout cru, c'est vous qui serez bien attrapés. Et puis j'ai sommeil, moi !

Cotice

Que voulez-vous, Pile ? Faisons le dîner tout seuls. Il n'en aura pas, voilà tout. Ou bien on pourra lui donner les os.

Pile

C'est bien. Ah, voilà le feu qui flambe

Père Ubu

Oh ! c'est bon ça, il fait chaud maintenant. Mais je vois des Russes partout. Quelle fuite, grand Dieu ! Ah ! (*Il tombe endormi.*)

Cotice

Je voudrais savoir si ce que disait Rensky est

vrai, si la Mère Ubu est vraiment détrônée. Ça n'aurait rien d'impossible.

PILE

Finissons de faire le souper.

COTICE

Non, nous avons à parler de choses plus importantes. Je pense qu'il serait bon de nous enquérir de la véracité de ces nouvelles.

PILE

C'est vrai, faut-il abandonner le Père Ubu ou rester avec lui?

COTICE

La nuit porte conseil. Dormons, nous verrons demain ce qu'il faut faire.

PILE

Non, il vaut mieux profiter de la nuit pour nous en aller.

COTICE

Partons, alors.

(Ils partent.)

SCÈNE VII

PÈRE UBU parle en dormant.

Ah ! Sire Dragon russe, faites attention, ne tirez pas par ici, il y a du monde. Ah ! voilà Bordure, qu'il est mauvais, on dirait un ours. Et Bougrelas qui vient sur moi ! L'ours, l'ours ! Ah ! le voilà à bas ! qu'il est dur, grand Dieu ! Je ne veux rien faire, moi ! Va-t'en, Bougrelas ! Entends-tu, drôle ? Voilà Rensky maintenant, et le Czar ! Oh ! ils vont me battre. Et la Rbue. Où as-tu pris tout cet or ? Tu m'as pris mon or, misérable, tu as été farfouiller dans mon tombeau qui est dans la cathédrale de Varsovie, près de la Lune. Je suis mort depuis longtemps, moi, c'est Bougrelas qui m'a tué et je suis enterré à Varsovie près de Vladislas le Grand, et aussi à Cracovie près de Jean Sigismond, et aussi à Thorn dans la casemate avec Bordure ! Le voilà encore. Mais va-t'en, maudit ours. Tu ressembles à Bordure. Entends-tu, bête de Satan ? Non, il n'entend pas, les Salopins lui ont coupé les oneilles. Décervelez, tudez, coupez les oneilles, arrachez la finance et buvez jusqu'à la mort, c'est la vie des Salopins, c'est le bonheur du Maître des Finances. (*Il se tait et dort.*)

FIN DU QUATRIÈME ACTE.

ACTE V

ACTE V

SCÈNE PREMIÈRE

Il fait nuit. LE PÈRE UBU dort. Entre LA MÈRE UBU
sans le voir. L'obscurité est complète.

Mère Ubu

Enfin, me voilà à l'abri. Je suis seule ici, ce n'est pas dommage, mais quelle course effrénée : traverser toute la Pologne en quatre jours! Tous les malheurs m'ont assaillie à la fois. Aussitôt partie cette grosse bourrique, je vais à la crypte m'enrichir. Bientôt après je manque d'être lapidée par ce Bougrelas et ces enragés. Je perds mon cavalier le Palotin Giron qui était si amoureux de mes attraits qu'il se pâmait d'aise en me voyant, et même, m'a-t-on assuré, en ne me voyant pas, ce qui est le comble de la tendresse. Il se serait fait couper en deux pour moi, le pauvre garçon. La preuve, c'est qu'il a été coupé en quatre par Bougrelas. Pif paf pan ! Ah ! je pense mourir. Ensuite donc je prends la fuite poursuivie par la foule en fureur. Je quitte le palais, j'arrive à la Vistule, tous les ponts étaient gardés. Je passe le fleuve à la nage, espérant ainsi lasser mes persécuteurs. De tous côtés la noblesse se rassemble et me poursuit. Je manque mille fois périr, étouffée dans un cercle de Polonais acharnés à me perdre. Enfin je trompai leur fureur, et après quatre jours de courses dans la neige de ce qui fut mon royaume j'arrive me réfugier ici. Je n'ai ni bu ni mangé ces quatre jours, Bougrelas me serrait de près... Enfin me voilà sauvée. Ah ! je suis morte de fatigue et de froid. Mais je voudrais bien savoir ce qu'est devenu mon gros polichinelle, je veux dire mon très respectable époux. Lui en ai-je pris, de la finance. Lui en ai-je volé, des rixdales. Lui en ai-je tiré, des carottes. Et son cheval à finances qui mourait de faim : il ne voyait pas souvent d'avoine, le pauvre diable. Ah ! la bonne histoire. Mais hélas ! j'ai perdu mon trésor ! Il est à Varsovie, ira le chercher qui voudra.

Père Ubu (*commençant à se réveiller*).

Attrapez la Mère Ubu, coupez les oneilles !

Mère Ubu

Ah ! Dieu ! Où suis-je ? Je perds la tête. Ah ! non, Seigneur !

Grâce au ciel j'entrevoi
Monsieur le Père Ubu qui dort auprès de moi.

Faisons la gentille. Eh bien, mon gros bonhomme, as-tu bien dormi ?

Père Ubu

Fort mal ! Il était bien dur cet ours ! Combat des voraces contre les coriaces, mais les voraces ont complètement mangé et dévoré les coriaces, comme vous le verrez quand il fera jour : entendez-vous, nobles Palotins !

Mère Ubu

Qu'est-ce qu'il bafouille ? Il est encore plus bête que quand il est parti. A qui en a-t-il ?

Père Ubu

Cotice, Pile, répondez-moi, sac à merdre !

Où êtes-vous ? Ah ! j'ai peur. Mais enfin on a parlé. Qui a parlé ? Ce n'est pas l'ours, je suppose. Merdre ! Où sont mes allumettes ? Ah ! je les ai perdues à la bataille.

Mère Ubu (*à part*).

Profitons de la situation et de la nuit, simulons une apparition surnaturelle et faisons-lui promettre de nous pardonner nos larcins.

Père Ubu

Mais, par saint Antoine ! on parle. Jambedieu ! Je veux être pendu !

Mère Ubu (*grossissant sa voix*).

Oui, monsieur Ubu, on parle, en effet, et la trompette de l'archange qui doit tirer les morts de la cendre et de la poussière finale ne parlerait pas autrement ! Ecoutez cette voix sévère. C'est celle de saint Gabriel qui ne peut donner que de bons conseils.

Père Ubu

Oh ! ça, en effet !

Mère Ubu

Ne m'interrompez pas ou je me tais et c'en sera fait de votre giborgne !

Père Ubu

Ah ! ma gidouille ! Je me tais, je ne dis plus mot. Continuez, madame l'Apparition !

Mère Ubu

Nous disions, monsieur Ubu, que vous étiez un gros bonhomme !

Père Ubu

Très gros, en effet, ceci est juste.

Mère Ubu

Taisez-vous, de par Dieu !

Père Ubu

Oh ! les anges ne jurent pas !

Mère Ubu (*à part*).

Merdre ! (*Continuant.*) Vous êtes marié, Monsieur Ubu.

Père Ubu

Parfaitement, à la dernière des chipies !

Mère Ubu

Vous voulez dire que c'est une femme charmante.

Père Ubu

Une horreur. Elle a des griffes partout, on ne sait par où la prendre.

Mère Ubu

Il faut la prendre par la douceur, sire Ubu, et si vous la prenez ainsi vous verrez qu'elle est au moins l'égale de la Vénus de Capoue.

Père Ubu

Qui dites-vous qui a des poux ?

Mère Ubu

Vous n'écoutez pas, monsieur Ubu ; prêtez-nous une oreille plus attentive. (*A part.*) Mais hâtons-nous, le jour va se lever. — Monsieur Ubu, votre femme est adorable et délicieuse, elle n'a pas un seul défaut.

Père Ubu

Vous vous trompez, il n'y a pas un défaut qu'elle ne possède.

Mère Ubu

Silence donc ! Votre femme ne vous fait pas d'infidélités !

PÈRE UBU

Je voudrais bien voir qui pourrait être amoureux d'elle. C'est une harpie !

MÈRE UBU

Elle ne boit pas !

PÈRE UBU

Depuis que j'ai pris la clé de la cave. Avant, à sept heures du matin elle était ronde et elle se parfumait à l'eau-de-vie. Maintenant qu'elle se parfume à l'héliotrope elle ne sent pas plus mauvais. Ça m'est égal. Mais maintenant il n'y a plus que moi à être rond !

MÈRE UBU

Sot personnage ! — Votre femme ne vous prend pas votre or.

PÈRE UBU

Non, c'est drôle !

MÈRE UBU

Elle ne détourne pas un sou !

PÈRE UBU

Témoin monsieur notre noble et infortuné

cheval à Phynances, qui, n'étant pas nourri depuis trois mois, a dû faire la campagne entière traîné par la bride à travers l'Ukraine. Aussi est-il mort à la tâche, la pauvre bête !

Mère Ubu

Tout ceci sont des mensonges, votre femme est un modèle et vous quel monstre vous faites !

Père Ubu

Tout ceci sont des vérités, ma femme est une coquine et vous quelle andouille vous faites !

Mère Ubu

Prenez garde, Père Ubu.

Père Ubu

Ah ! c'est vrai, j'oubliais à qui je parlais. Non, je n'ai pas dit ça !

Mère Ubu

Vous avez tué Venceslas.

Père Ubu

Ce n'est pas ma faute, moi, bien sûr. C'est la Mère Ubu qui a voulu.

MÈRE UBU

Vous avez fait mourir Boleslas et Ladislas.

PÈRE UBU

Tant pis pour eux ! Ils voulaient me taper !

MÈRE UBU

Vous n'avez pas tenu votre promesse envers Bordure et plus tard vous l'avez tué.

PÈRE UBU

J'aime mieux que ce soit moi que lui qui règne en Lithuanie. Pour le moment ça n'est ni l'un ni l'autre. Ainsi vous voyez que ça n'est pas moi.

MÈRE UBU

Vous n'avez qu'une manière de vous faire pardonner tous vos méfaits.

PÈRE UBU

Laquelle ? Je suis tout disposé à devenir un saint homme, je veux être évêque et voir mon nom sur le calendrier.

Mère Ubu

Il faut pardonner à la Mère Ubu d'avoir détourné un peu d'argent.

Père Ubu

Eh bien, voilà ! Je lui pardonnerai quand elle m'aura rendu tout, qu'elle aura été bien rossée, et qu'elle aura ressuscité mon cheval à finances.

Mère Ubu

Il en est toqué de son cheval ! Ah ! je suis perdue, le jour se lève.

Père Ubu

Mais enfin je suis content de savoir maintenant assurément que ma chère épouse me volait. Je le sais maintenant de source sûre. Omnis a Deo scientia, ce qui veut dire : Omnis, toute ; a Deo, science ; scientia, vient de Dieu. Voilà l'explication du phénomène. Mais madame l'Apparition ne dit plus rien. Que ne puis-je lui offrir de quoi se réconforter. Ce qu'elle disait était très amusant. Tiens, mais il fait jour ! Ah ! Seigneur, de par mon cheval à finances, c'est la Mère Ubu !

MÈRE UBU (*effrontément*).

Ça n'est pas vrai, je vais vous excommunier.

PÈRE UBU

Ah ! charogne !

MÈRE UBU

Quelle impiété.

PÈRE UBU

Ah ! c'est trop fort. Je vois bien que c'est toi, sotte chipie ! Pourquoi diable es-tu ici ?

MÈRE UBU

Giron est mort et les Polonais m'ont chassée.

PÈRE UBU

Et moi, ce sont les Russes qui m'ont chassé : les beaux esprits se rencontrent.

MÈRE UBU

Dis donc qu'un bel esprit a rencontré une bourrique !

PÈRE UBU

Ah ! eh bien, il va rencontrer un palmipède maintenant. (*Il lui jette l'ours.*)

Mère Ubu (*tombant accablée sous le poids de l'ours*).

Ah ! grand Dieu ! Quelle horreur ! Ah ! je meurs ! J'étouffe ! il me mord ! Il m'avale ! il me digère !

Père Ubu

Il est mort ! grotesque. Oh ! mais, au fait, peut-être que non ! Ah ! Seigneur ! non, il n'est pas mort, sauvons-nous. (*Remontant sur son rocher.*) Pater noster qui es...

Mère Ubu (*se débarrassant*).

Tiens ! où est-il ?

Père Ubu

Ah ! Seigneur ! la voilà encore ! Sotte créature, il n'y a donc pas moyen de se débarrasser d'elle. Est-il mort, cet ours ?

Mère Ubu

Eh oui, sotte bourrique, il est déjà tout froid. Comment est-il venu ici ?

Père Ubu (*confus*).

Je ne sais pas. Ah ! si, je sais ! Il a voulu

manger Pile et Cotice et moi je l'ai tué d'un coup de Pater Noster.

MÈRE UBU

Pile, Cotice, Pater Noster. Qu'est-ce que c'est que ça ? il est fou, ma finance !

PÈRE UBU

C'est très exact ce que je dis ! Et toi tu es idiote, ma giborgne !

MÈRE UBU

Raconte-moi ta campagne, Père Ubu.

PÈRE UBU

Oh ! dame, non ! C'est trop long. Tout ce que je sais, c'est que malgré mon incontestable vaillance tout le monde m'a battu.

MÈRE UBU

Comment, même les Polonais ?

PÈRE UBU

Ils criaient : Vivent Venceslas et Bougrelas. J'ai cru qu'on voulait m'écarteler. Oh ! les enragés ! Et puis ils ont tué Rensky !

Mère Ubu

Ça m'est bien égal ! Tu sais que Bougrelas a tué le Palotin Giron !

Père Ubu

Ça m'est bien égal ! Et puis ils ont tué le pauvre Lascy !

Mère Ubu

Ça m'est bien égal !

Père Ubu

Oh ! mais tout de même, arrive ici, charogne ! Mets-toi à genoux devant ton maître (*il l'empoigne et la jette à genoux*), tu vas subir le dernier supplice.

Mère Ubu

Ho, ho, monsieur Ubu !

Père Ubu

Oh ! oh ! oh ! après, as-tu fini ? Moi je commence : torsion du nez, arrachement des cheveux, pénétration du petit bout de bois dans les oneilles, extraction de la cervelle par les talons, lacération du postérieur, suppression partielle ou même totale de la moelle épinière (si au moins ça pouvait lui ôter les épines du caractère), sans oublier l'ouverture de la vessie natatoire et finalement la grande décollation renouvelée de saint Jean-Baptiste, le tout tiré des très saintes Ecritures, tant de l'Ancien que du Nouveau Testament, mis en ordre, corrigé et perfectionné par l'ici présent Maître des Finances ! Ça te va-t-il, andouille ?

(*Il la déchire.*)

MÈRE UBU

Grâce, monsieur Ubu !
(*Grand bruit à l'entrée de la caverne.*)

SCÈNE II

LES MÊMES, BOUGRELAS se ruant dans la caverne avec ses SOLDATS.

BOUGRELAS

En avant, mes amis ! Vive la Pologne !

PÈRE UBU

Oh ! oh ! attends un peu, monsieur le Polognard. Attends que j'en aie fini avec madame ma moitié !

BOUGRELAS (*le frappant*).

Tiens, lâche, gueux, sacripant, mécréant, musulman !

PÈRE UBU (*ripostant*).

Tiens ! Polognard, soûlard, bâtard, hussard, tartare, calard, cafard, mouchard, savoyard, communard !

MÈRE UBU (*le battant aussi*).

Tiens, capon, cochon, félon, histrion, fripon, souillon, polochon !
(Les Soldats *se ruent sur* les Ubs, *qui se défendent de leur mieux.*)

PÈRE UBU

Dieux ! quels renfoncements !

MÈRE UBU

On a des pieds, messieurs les Polonais.

PÈRE UBU

De par ma chandelle verte, ça va-t-il finir,

à la fin de la fin? Encore un ! Ah ! si j'avais ici mon cheval à phynances !

BOUGRELAS

Tapez, tapez toujours.

VOIX AU DEHORS

Vive le Père Ubé, notre grand financier !

PÈRE UBU

Ah ! les voilà. Hurrah ! Voilà les Pères Ubus. En avant, arrivez, on a besoin de vous, messieurs des Finances !
(*Entrent* les Palotins, *qui se jettent dans la mêlée.*)

COTICE

A la porte les Polonais !

PILE

Hon ! nous nous revoyons, Monsieuye des Finances. En avant, poussez vigoureusement, gagnez la porte, une fois dehors il n'y aura plus qu'à se sauver.

PÈRE UBU

Oh! ça, c'est mon plus fort. O comme il tape.

Bougrelas

Dieu ! je suis blessé.

Stanislas Leczinski

Ce n'est rien, Sire.

Bougrelas

Non, je suis seulement étourdi.

Jean Sobieski

Tapez, tapez toujours, ils gagnent la porte, les gueux.

Cotice

On approche, suivez le monde. Par conséquent de quoye, je vois le ciel.

Pile

Courage, sire Ubu.

Père Ubu

Ah ! j'en fais dans ma culotte. En avant, cornegidouille ! Tudez, saignez, écorchez, massacrez, corne d'Ubu ! Ah ! ça diminue !

Cotice

Il n'y en a plus que deux à garder la porte.

Père Ubu (*les assommant à coups d'ours*).

Et d'un, et de deux ! Ouf! me voilà dehors ! Sauvons-nous ! suivez, les autres, et vivement !

SCÈNE III

La scène représente la province de Livonie couverte de neige.

LES UBS et LEUR SUITE en fuite.

Père Ubu

Ah ! je crois qu'ils ont renoncé à nous attraper.

Mère Ubu

Oui, Bougrelas est allé se faire couronner.

Père Ubu

Je ne la lui envie pas, sa couronne.

Mère Ubu

Tu as bien raison, Père Ubu.
(*Ils disparaissent dans le lointain.*)

SCÈNE IV

Le pont d'un navire courant au plus près sur la Baltique. Sur le pont le PÈRE UBU et toute sa bande.

LE COMMANDANT

Ah ! quelle belle brise.

PÈRE UBU

Il est de fait que nous filons avec une rapidité qui tient du prodige. Nous devons faire au moins un million de nœuds à l'heure, et ces nœuds ont ceci de bon qu'une fois faits ils ne se défont pas. Il est vrai que nous avons vent arrière.

PILE

Quel triste imbécile.
(*Une risée arrive, le navire couche et blanchit la mer.*)

PÈRE UBU

Oh ! Ah ! Dieu ! nous voilà chavirés. Mais il va tout de travers, il va tomber ton bateau.

Le Commandant

Tout le monde sous le vent, bordez la misaine !

Père Ubu

Ah ! mais non, par exemple ! Ne vous mettez pas tous du même côté ! C'est imprudent ça. Et supposez que le vent vienne à changer de côté : tout le monde irait au fond de l'eau et les poissons nous mangeront.

Le Commandant

N'arrivez pas, serrez près et plein !

Père Ubu

Si ! Si ! Arrivez. Je suis pressé, moi ! Arrivez, entendez-vous ! C'est ta faute, brute de capitaine, si nous n'arrivons pas. Nous devrions être arrivés. Oh ! oh, mais je vais commander, moi, alors ! Pare à virer ! A Dieu vat. Mouillez, virez vent devant, virez vent arrière. Hissez les voiles, serrez les voiles, la barre dessus, la barre dessous, la barre à côté. Vous voyez, ça va très bien. Venez en travers à la lame et alors ce sera parfait.

(Tous se tordent, la brise fraîchit.)

8.

Le Commandant

Amenez le grand foc, prenez un ris aux huniers !

Père Ubu

Ceci n'est pas mal, c'est même bon ! Entendez-vous, monsieur l'Equipage ? amenez le grand coq et allez faire un tour dans les pruniers.

(*Plusieurs agonisent de rire. Une lame embarque.*)

Père Ubu

Oh ! quel déluge ! Ceci est un effet des manœuvres que nous avons ordonnées.

Mère Ubu et Pile

Délicieuse chose que la navigation.

(*Deuxième lame embarque.*)

Pile (*inondé*).

Méfiez-vous de Satan et de ses pompes.

Père Ubu

Sire garçon, apportez-nous à boire.

(*Tous s'installent à boire.*)

Mère Ubu

Ah ! quel délice de revoir bientôt la douce France, nos vieux amis et notre château de Mondragon !

Père Ubu

Eh ! nous y serons bientôt. Nous arrivons à l'instant sous le château d'Elseneur.

Pile

Je me sens ragaillardi à l'idée de revoir ma chère Espagne.

Cotice

Oui, et nous éblouirons nos compatriotes des récits de nos aventures merveilleuses.

Père Ubu

Oh ! ça, évidemment ! Et moi je me ferai nommer Maître des Finances à Paris.

Mère Ubu

C'est cela ! Ah ! quelle secousse !

Cotice

Ce n'est rien, nous venons de doubler la pointe d'Elseneur.

Pile

Et maintenant notre noble navire s'élance à toute vitesse sur les sombres lames de la mer du Nord.

Père Ubu

Mer farouche et inhospitalière qui baigne le pays appelé Germanie, ainsi nommé parce que les habitants de ce pays sont tous cousins germains.

Mère Ubu

Voilà ce que j'appelle de l'érudition. On dit ce pays fort beau.

Père Ubu

Ah ! messieurs ! si beau qu'il soit il ne vaut pas la Pologne. S'il n'y avait pas de Pologne il n'y aurait pas de Polonais !

Et maintenant, comme vous avez bien écouté et vous êtes tenus tranquilles, on va vous chanter

LA CHANSON DU DÉCERVELAGE

Je fus pendant longtemps ouvrier ébéniste,
Dans la ru' du Champ d' Mars, d' la paroiss' de Toussaints.
Mon épouse exerçait la profession d' modiste,
Et nous n'avions jamais manqué de rien. —

Quand le dimanch' s'annonçait sans nuage,
Nous exhibions nos beaux accoutrements
Et nous allions voir le décervelage
Ru' d' l'Echaudé, passer un bon moment.
 Voyez, voyez la machin' tourner,
 Voyez, voyez la cervell' sauter,
 Voyez, voyez les Rentiers trembler ;
(Chœur) : *Hourra, cornes-au-cul, vive le Père Ubu !*

Nos deux marmots chéris, barbouillés d' confitures,
Brandissant avec joi' des poupins en papier,
Avec nous s'installaient sur le haut d' la voiture
 Et nous roulions gaîment vers l'Echaudé. —
On s' précipite en foule à la barrière,
On s' fich' des coups pour être au premier rang ;
Moi je m' mettais toujours sur un tas d' pierres
Pour pas salir mes godillots dans l' sang.
 Voyez, voyez la machin' tourner,
 Voyez, voyez la cervell' sauter,
 Voyez, voyez les Rentiers trembler ;
(Chœur) : *Hourra, cornes-au-cul, vive le Père Ubu !*

Bientôt ma femme et moi nous somm's tout blancs d' cervelle,
Les marmots en boulott'nt et tous nous trépignons
En voyant l' Palotin qui brandit sa lumelle,
 Et les blessur's et les numéros d' plomb. —
Soudain j'perçois dans l'coin, près d'la machine,
La gueul' d'un bonz' qui n' m'revient qu'à moitié.
Mon vieux, que j' dis, je r'connais ta bobine,
Tu m'as volé, c'est pas moi qui t' plaindrai.
 Voyez, voyez la machin' tourner,
 Voyez, voyez la cervell' sauter,
 Voyez, voyez les Rentiers trembler ;
(Chœur) : *Hourra, cornes-au-cul, vive le Père Ubu !*

Soudain j' me sens tirer la manch' par mon épouse :
Espèc' d'andouill', qu'ell' m'dit, v'là l' moment d'te montrer :
Flanque-lui par la gueule un bon gros paquet d'bouse,
V'là l' Palotin qu'a just' le dos tourné. —
En entendant ce raisonn'ment superbe,
J'attrap' sus l'coup mon courage à deux mains :
J' flanque au Rentier une gigantesque merdre
Qui s'aplatit sur l' nez du Palotin.
  Voyez, voyez la machin' tourner,
  Voyez, voyez la cervell' sauter,
  Voyez, voyez les Rentiers trembler ;
(CHŒUR) : *Hourra, cornes-au-cul, vive le Père Ubu !*

Aussitôt j' suis lancé par-dessus la barrière,
Par la foule en fureur je me vois bousculé
Et j' suis précipité la tête la première
Dans l'grand trou noir d'oùs qu'on n' revient jamais. —
Voilà c' que c'est qu' d'aller s' prom' ner l' dimanche
Ru' d' l'Echaudé pour voir décerveler,
Marcher l' Pinc'-Porc ou bien l' Démanch'-Comanche,
On part vivant et l'on revient tué.
  Voyez, voyez la machin' tourner,
  Voyez, voyez la cervell' sauter,
  Voyez, voyez les Rentiers trembler ;
(CHŒUR) : *Hourra, cornes-au-cul, vive le Père Ubu !*

      FIN

UBU ENCHAINÉ

5 ACTES

AUX PLUSIEURS MAITRES

QUI AFFERMIRENT

SA COURONNE QUAND IL ÉTAIT ROI

UBU ENCHAÎNÉ

OFFRE L'HOMMAGE DE

SES FERS

> PÈRE UBU. — Cornegidouille ! nous n'aurons point tout démoli si nous ne démolissons même les ruines ! Or je n'y vois d'autre moyen que d'en équilibrer de beaux édifices bien ordonnés.

PERSONNAGES

Père Ubu.
Mère Ubu.
Eleuthère.
Pissedoux.
Pissembock.
Lord Catoblepas.
Jack, son domestique.
Frère Tiberge.
Les trois Hommes libres.
Soliman, sultan des Turcs.
Le Vizir.
Le Geôlier.
Dévotes.
Le Président.
Juges.
Avocats.
Greffiers.
Huissiers.
Gardes.
Policiers.
Démolisseurs.
Argousins.
Le Doyen des Forçats.
Forçats.
Peuple.

ACTE PREMIER

ACTE PREMIER

SCÈNE PREMIÈRE

PÈRE UBU, MÈRE UBU

PÈRE UBU
s'avance et ne dit rien.

MÈRE UBU
Quoi ! tu ne dis rien, Père Ubu. As-tu donc oublié le mot ?

PÈRE UBU
Mère... Ubu ! je ne veux plus prononcer le mot, il m'a valu trop de désagréments.

MÈRE UBU
Comment, des désagréments ! Le trône de Pologne, la grande capeline, le parapluie...

Père Ubu

Mère Ubu, je ne tiens plus au parapluie, c'est trop difficile à manœuvrer, j'aurai plus tôt fait, par ma science en physique, d'empêcher de pleuvoir !

Mère Ubu

Sotte bourrique !... les biens des nobles confisqués, les impôts perçus près de trois fois, mon aimable présence à ton réveil dans la caverne de l'ours, le passage gratuit sur le navire qui nous ramena en France, où, par la vertu de ce bienheureux mot, tu vas être nommé quand il te plaira Maître des Finances ! Nous voici en France, Père Ubu. Est-ce le moment de ne plus savoir parler français ?

Père Ubu

Cornegidouille, Mère Ubu, je parlais français quand nous étions en Pologne; cela n'a pas empêché le jeune Bougrelas de me découdre la boudouille, le capitaine Bordure de me trahir de la façon la plus indigne, le Czar de faire peur à mon cheval à phynances en se laissant sottement tomber dans un fossé, les ennemis de tirer, malgré nos recommandations, du côté de notre précieuse personne ; l'ours de déchirer nos palotins, bien que nous lui parlassions latin de sur notre rocher, et vous, madame notre épouse, de dilapider nos trésors et les douze sous par jour de notre cheval à phynances !

Mère Ubu

Oublie comme moi ces petites misères. Mais de quoi vivrons-nous si tu ne veux plus être Maître des Finances ni roi ?

Père Ubu

Du travail de nos mains, Mère Ubu !

Mère Ubu

Comment, Père Ubu, tu veux assommer les passants ?

Père Ubu

O non ! ils n'auraient qu'à me rendre les coups ! Je veux être bon pour les passants, être utile aux passants, travailler pour les passants, Mère Ubu. Puisque nous sommes dans le pays où la liberté est égale à la fraternité, laquelle n'est comparable qu'à l'égalité de la légalité, et que je ne suis pas capable de faire comme tout le monde et que cela m'est égal d'être égal à tout le monde puisque c'est encore moi qui finirai par tuer tout le monde, je vais me mettre esclave, Mère Ubu !

Mère Ubu

Esclave ! mais tu es trop gros, Père Ubu !

Père Ubu

Je ferai mieux la grosse besogne. Et vous, madame notre femelle, allez nous préparer notre tablier d'esclave, et notre balai d'esclave, et notre crochet d'esclave, et notre boîte à cirer d'esclave, et vous, restez telle que vous êtes, afin que chacun voie à n'en pas douter que vous avez revêtu votre beau costume de cuisinière esclave !

SCÈNE II

Le Champ-de-Mars

LES TROIS HOMMES LIBRES, LE CAPORAL

Les trois Hommes libres

Nous sommes les hommes libres, et voici notre caporal. — Vive la liberté, la liberté, la liberté ! Nous sommes libres. — N'oublions pas que notre devoir, c'est d'être libres. Allons moins vite, nous arriverions à l'heure. La liberté, c'est de n'arriver jamais à l'heure — jamais, jamais ! pour nos exercices de liberté. Désobéissons avec ensemble... Non ! pas ensemble : une, deux, trois ! le premier à un, le deuxième à deux, le troisième à trois. Voilà toute la différence. Inventons chacun un temps différent, quoique ce soit bien fatigant. Désobéissons individuellement — au caporal des hommes libres !

Le Caporal

Rassemblement !

(*Ils se dispersent.*)

Vous, l'homme libre numéro trois, vous me ferez deux jours de salle de police, pour vous être mis, avec le numéro deux, en rang. La théorie dit : Soyez libres ! — Exercices individuels de désobéissance... L'indiscipline aveugle et de tous les instants fait la force principale des hommes libres. — Portez... arme !

Les trois Hommes libres

Parlons sur les rangs. — Désobéissons. — Le premier à un, le deuxième à deux, le troisième à trois. — Une, deux, trois !

Le Caporal

Au temps ! Numéro un, vous deviez poser l'arme à terre ; numéro deux, la lever la crosse en l'air ; numéro trois, la jeter à six pas derrière et tâcher de prendre ensuite une attitude libertaire. Rompez vos rangs ! Une, deux ! une, deux !

(Ils se rassemblent et sortent en évitant de marcher au pas.)

SCÈNE III

PÈRE UBU, MÈRE UBU

Mère Ubu

Père Ubu, Père Ubu, que tu es beau avec ta casquette et ton tablier. Cherche maintenant quelque homme libre, afin d'essayer sur lui ton crochet et ta brosse à cirer, et d'entrer au plus vite en tes nouvelles fonctions.

Père Ubu

Eh ! j'en vois trois ou quatre qui se sauvent par là-bas.

Mère Ubu

Attrape-s-en un, Père Ubu.

Père Ubu

Cornegidouille ! je ne demande pas autre chose ! Cirage des pieds, coupage des cheveux, brûlure de la moustache, enfoncement du petit bout de bois dans les oncilles...

Mère Ubu

Eh ! tu perds la tête, Père Ubu ! Tu te crois encore roi de Pologne.

Père Ubu

Madame ma femelle, je sais ce que je fais, et vous, vous ignorez ce que vous dites. Quand j'étais roi, je faisais tout cela pour ma gloire et pour la Pologne ; et maintenant je vais avoir un petit tarif d'après lequel on me paiera : torsion du nez, 3 fr. 25 par exemple. Pour une somme moindre encore, je vous ferai passer par votre propre casserole.

(La Mère Ubu *s'enfuit.*)

Suivons tout de même ces gens, afin de leur faire nos offres de service.

SCÈNE IV

Père Ubu, le Caporal, les trois hommes libres

(Le Caporal *et* les Hommes libres *défilent quelque temps ;* le Père Ubu *leur emboîte le pas.*)

Le Caporal

Portez... arme !
(*Le Père Ubu obéit avec son balai.*)

Père Ubu

Vive l'armerdre !

Le Caporal

Arrêtez, arrêtez ! ou plutôt, non ! Désobéissants, ne vous arrêtez pas !
(*Les Hommes libres s'arrêtent, le Père Ubu se détache.*)
Quelle est cette nouvelle recrue, plus libre que vous tous, qui a inventé un maniement d'arme que je n'ai jamais vu, depuis sept ans que je commande : Portez... arme !

Père Ubu

Nous avons obéi, Monsieur, pour remplir nos devoirs d'esclave. J'ai fait : portez arme.

Le Caporal

J'ai expliqué bien des fois ce mouvement, mais c'est la première que je le vois exécuter. Vous savez mieux que moi la théorie de la liberté. Vous prenez celle de faire même ce qui est ordonné. Vous êtes un plus grand homme libre, Monsieur ?...

Père Ubu

Monsieur Ubu, ancien roi de Pologne et d'Aragon, comte de Mondragon, comte de Sandomir, marquis de Saint-Grégeois. Actuellement, esclave, pour vous servir, Monsieur ?...

Le Caporal

Le Caporal des hommes libres, Pissedoux... mais, quand il y a des dames, le marquis de Granpré. Rappelez-vous, je vous prie, qu'il convient de ne me donner que mon titre, même s'il vous arrive d'avoir à me commander, car je vous reconnais sergent pour le moins, par le savoir.

Père Ubu

Caporal Pissedoux, on s'en souviendra, monsieur. Mais je suis venu dans ce pays pour être esclave et non pour donner des ordres, quoique j'aie été sergent, comme vous dites, quand j'étais petit, et même capitaine de dragons. Caporal Pissedoux, au revoir.

(*Il sort.*)

Le Caporal

Au revoir, comte de Saint-Grégeois. — Escouade, halte !

(Les Hommes libres *se mettent en marche et sortent de l'autre côté.*)

SCÈNE V

ÉLEUTHÈRE, PISSEMBOCK

Pissembock

Ma petite Éleuthère, nous sommes, je crois, un peu en retard.

Éleuthère

Mon oncle Pissembock...

Pissembock

Ne m'appelle donc pas ainsi, même quand il n'y a personne ! Marquis de Grandair, n'est-ce pas un nom plus simple, comme on en peut juger à ce qu'il ne fait pas retourner les gens ?

Et puis tu peux bien dire, tout court : Mon oncle.

ÉLEUTHÈRE

Mon oncle, cela ne fait rien que nous soyons en retard. Depuis que vous m'avez obtenu l'emploi...

PISSEMBOCK

Par mes hautes relations.

ÉLEUTHÈRE

... De cantinière des hommes libres, j'ai retenu quelques mots de leur théorie de la liberté. J'arrive en retard, ils ne boivent pas, ils ont soif et comprennent d'autant mieux l'utilité d'une cantinière.

PISSEMBOCK

Ainsi, ils ne te voient jamais, et il serait beaucoup plus intelligent de ne pas venir du tout, rôtir quotidiennement ton oncle au grand soleil de ce champ de manœuvres.

ÉLEUTHÈRE

Mon oncle Piss... Mon oncle, qu'à cela ne tienne, que ne restez-vous chez vous ?

PISSEMBOCK

Ce ne serait pas convenable, ma nièce. Ma petite Éleuthère, il ne faut pas laisser les hommes libres prendre trop de libertés. Un oncle, s'il n'empêche rien, est une pudeur vivante. On n'est pas une femme... libre, on est une nièce. J'ai déjà ingénieusement exigé, quoique l'usage de ce pays libre soit d'aller tout nu, que tu ne sois décolletée que par les pieds...

ÉLEUTHÈRE

Et vous ne m'achetez jamais de bottines.

PISSEMBOCK

Je crains moins d'ailleurs les hommes libres que ton fiancé, le marquis de Granpré.

ÉLEUTHÈRE

Quoique vous donniez un bal en son honneur, ce soir... Que son nom est beau, mon oncle !

PISSEMBOCK

C'est pourquoi, chère enfant, je te fais souvenir avec quelque insistance qu'il est malséant de m'appeler devant lui...

UBU ENCHAÎNÉ

ÉLEUTHÈRE

Pissembock, je n'oublierai pas, mon oncle.

SCÈNE VI

LES MÊMES, PÈRE UBU

PÈRE UBU

Ces militaires ne sont pas riches, c'est pourquoi j'aimerais mieux servir d'autres personnages. Eh ! cette fois, je découvre une jeune personne charmante, qui a une ombrelle de soie verte et une décoration rouge que lui porte un monsieur respectable. Tâchons de ne pas l'effrayer. — Cornegidouille ! de par ma chandelle verte, ma douce enfant, je prends la liberté, votre liberté de vous faire mes offres de service. Torsion du nez, extraction de la cervelle... non, je me trompe : cirage des pieds...

ÉLEUTHÈRE

Laissez-moi.

PISSEMBOCK

Vous rêvez, Monsieur, elle a les pieds nus.

SCÈNE VII

LES MÊMES, puis MÈRE UBU

PÈRE UBU

Mère Ubu ! apporte le crochet à cirer et la boîte à cirer et la brosse à cirer, et viens me la tenir solidement par les pieds !

(*A Pissembock.*)

Quant à vous, Monsieur !...

ÉLEUTHÈRE et PISSEMBOCK

Au secours !

MÈRE UBU (*accourant*).

Voilà ! Voilà ! Père Ubu. Je t'obéis. Mais que fais-tu avec ton attirail à chaussures ? Elle n'a pas de chaussures.

PÈRE UBU

Je veux lui cirer les pieds avec la brosse à

cirer les pieds. Je suis esclave, cornegidouille ! Personne ne m'empêchera de faire mon devoir d'esclave. Je vais servir sans miséricorde. Tudez, décervelez !

(La Mère Ubu *tient* Éleuthère. Le Père Ubu *se précipite sur* Pissembock.)

MÈRE UBU

Quelle brutalité stupide ! La voilà évanouie maintenant.

PISSEMBOCK (*tombant*).

Et moi, je suis mort !

PÈRE UBU (*cirant*).

Je savais bien que je les ferais tenir tranquilles. Je n'aime pas que l'on me fasse du tapage ! Je n'ai plus qu'à leur réclamer le salaire qui m'est dû, que j'ai honnêtement gagné à la sueur de mon front.

MÈRE UBU

Réveille-la pour qu'elle te paye.

PÈRE UBU

O non ! Elle voudrait me donner un pourboire, sans doute ; je ne réclame que le juste prix de mon travail ; et puis, pour éviter toute partialité, il faudrait ressusciter le bonhomme que j'ai massacré, et ce serait trop long ; et enfin je dois, en bon esclave, prévenir ses moindres gestes. Eh ! voici le porte-finance de la jeune dame et le portefeuille du monsieur. A la pôche !

MÈRE UBU

Tu gardes tout, Père Ubu ?

PÈRE UBU

Crois-tu que je vais gaspiller le fruit de mon travail à te faire des cadeaux, sotte chipie ? (*Lisant des papiers.*) Cinquante francs... cinquante francs... mille francs... Monsieur Pissembock, marquis de Grandair.

MÈRE UBU

Je veux dire : vous ne lui laissez rien, Monsieur Ubu ?

PÈRE UBU

Mère Ubu ! ji vous pôche avec exorbitation des yeux ! Et d'ailleurs il n'y a dans cette bourse que quatorze pièces d'or, avec le portrait de la Liberté dessus.

(Éleuthère *se ranime et cherche à fuir.*)

Et maintenant, va chercher une voiture, Mère Ubu.

Mère Ubu

O le pleutre ! Tu n'as pas le courage de te sauver à pied, à présent !

Père Ubu

Non, je veux une grande diligence afin d'y déposer cette aimable enfant et de la reconduire à sa demeure.

Mère Ubu

Père Ubu, tu n'as aucune suite dans les idées. Je vois que tu te gâtes, tu tournes à l'honnête homme. Tu as pitié de tes victimes, tu deviens fou, Père Ubu ! — Et puis, tu laisses traîner ce cadavre que l'on va voir.

Père Ubu

Eh ! je m'enrichis... comme d'habitude. Je continue mon travail d'esclave. Nous la fourrerons dans la voiture...

MÈRE UBU

Et le Pissembock?

PÈRE UBU

Dans le coffre de la voiture, pour faire disparaître les traces du crime. Tu monteras avec elle pour lui servir de garde-malade, de cuisinière et de dame de compagnie ; et moi, je grimperai derrière.

MÈRE UBU (*amenant la diligence*).

Tu auras de beaux bas blancs et un habit doré, Père Ubu ?

PÈRE UBU

Sans doute : je l'aurai bien gagné par mon zèle ! — Au fait, comme je ne les ai pas encore, c'est moi qui vais accompagner Mademoiselle là-dedans et toi qui te percheras derrière.

MÈRE UBU

Père Ubu, Père Ubu...

Père Ubu

En route.
(*Il entre avec* Éleuthère. *La voiture s'ébranle.*)

FIN DU PREMIER ACTE.

ACTE II

ACTE II

SCÈNE PREMIÈRE

Le coupé de la diligence.

PÈRE UBU, ÉLEUTHÈRE

Père Ubu

Ma douce enfant, vous voyez en moi le plus dévoué de vos esclaves : un mot de vous, cornegidouille ! que je sache si vous agréez mes services.

Éleuthère

Ce ne serait pas convenable, Monsieur. Je me souviens des leçons de mon oncle. Je ne dois permettre aucune liberté à aucun homme qu'en présence de mon oncle Pissembock.

Père Ubu

Votre oncle Pissembock ! Qu'à cela ne tienne, ma douce enfant ! Nous avons eu la prévoyance de l'emporter avec nous dans le coffre de cette voiture ! (*Il brandit le cadavre de* Pissembock. Éleuthère *s'évanouit.*)

Père Ubu

De par ma chandelle verte, cette jeune personne n'a pas bien compris que nous ne lui faisions pas la cour, ayant eu la précaution, comme de nous pourvoir de l'oncle, d'accrocher derrière la voiture notre bien-aimée Mère Ubu, qui nous crèverait la bouzine ! Nous quémandions près d'elle un poste de laquais ! Son oncle ne nous l'a pas refusé. Et maintenant, cornegidouille ! je veux aller monter la garde à la porte de cette dame pendant que la Mère Ubu lui prodiguera ses soins, vu qu'elle s'évanouit fort souvent. Je refuserai le cordon à ceux qui demanderont à la voir. Je la claquemurerai dans mes services de tous les instants. Je ne l'abandonnerai point. Vive l'esclavage !

SCÈNE II

Le vestibule de Pissembock.

PÈRE UBU, MÈRE UBU

Mère Ubu

On sonne, Père Ubu.

Père Ubu

Corne finance ! c'est sans doute notre fidèle maîtresse. Les gens sages, afin de ne point perdre leurs chiens, leur pendent un grelot au cou, et il est prescrit aux bicyclistes de s'annoncer, de peur d'accident, par une clochette qu'on entende au moins à cinquante pas. De même, on juge de la fidélité d'un maître quand il carillonne pendant cinquante minutes. Il veut dire : Je suis là, soyez en repos, je veille sur vos loisirs.

Mère Ubu

Mais enfin, Père Ubu, tu es son valet de chambre, son cuisinier, son maître d'hôtel ; elle a peut-être faim et essaye de se rappeler discrètement à ta bienveillante attention, afin de s'informer si tu as donné ordre que Madame soit servie.

PÈRE UBU

Madame n'est pas servie, Mère Ubu ! Madame sera servie quand nous le jugerons à propos, que nous aurons fini de nous restaurer nous-même, et s'il reste quelque desserte de notre table !

MÈRE UBU

Il y a toujours le petit balai ?

PÈRE UBU

Je ne m'en sers plus fort souvent. Ceci était bon quand j'étais roi, pour faire rire les petits enfants. A présent nous avons plus d'expérience et remarquons que ce qui fait rire les petits enfants risque de faire peur aux grandes personnes. Mais, de par ma chandelle verte ! cette sonnette est insupportable ; nous savons suffisamment que Madame est là ; un maître bien stylé ne doit pas faire de tapage hors de saison ni hors du service.

MÈRE UBU

S'il ne reste rien à manger, tu pourrais peut-être lui offrir à boire, Père Ubu ?

PÈRE UBU

Cornegidouille ! afin qu'on nous laisse tranquille, nous aurons cette extrême complaisance !

(*Il descend en colère à la cave et rapporte en plusieurs voyages douze bouteilles.*)

MÈRE UBU

Hélas ! Au secours ! Je disais bien qu'il venait fou ! Lui si ladre, offrir douze bouteilles ! Et où les a-t-il déterrées ? Il ne me restait plus à vider la plus petite fiole.

PÈRE UBU

Voilà, madame notre épouse. Allez rendre témoignage à notre maîtresse de notre galanterie et notre générosité. En égouttant soigneusement toutes ces choses vides, j'espère que vous trouverez de quoi lui offrir de notre part un verre de vin.

(*La Mère Ubu, rassurée, commence d'obéir.*

De l'une des bouteilles s'échappe une énorme araignée. La Mère Ubu se sauve en poussant des cris perçants. Le Père Ubu s'empare de la bête et la met dans sa tabatière.)

SCÈNE III

La chambre d'Éleuthère.

ÉLEUTHÈRE, le corps de PISSEMBOCK

Éleuthère

Hélas ! au secours ! Mieux vaut sonner pour appeler le couple abject qui s'est imposé à mon service que demeurer seule avec un mort !

(*Elle sonne.*)

Personne ne vient. Peut-être n'ont-ils pas eu l'effronterie de s'installer dans la maison de leur victime. Ignoble Père Ubu ! Son horrible épouse !

(*Elle sonne.*)

Personne ! Infortuné Pissembock ! Mon oncle ! Mon cher oncle ! Mon oncle Pissembock !

PISSEMBOCK (*se mettant sur son séant*).

Marquis de Grandair, ma chère enfant !

ÉLEUTHÈRE

Ah !

(*Elle s'évanouit.*)

PISSEMBOCK

Bon, c'est elle qui fait la morte, à présent ! Ça change. Ma petite Éleuthère !

ÉLEUTHÈRE

Mon oncle ?

PISSEMBOCK

Tiens ! tu n'es plus évanouie ?

ÉLEUTHÈRE

Et vous mon oncle P..., p...ourquoi n'êtes-vous plus mort ?

PISSEMBOCK

Comment, pppourquoi ?

ÉLEUTHÈRE

Marquis de Grandair. Je commençais à dire Pissembock.

PISSEMBOCK

Tu sais m'apaiser. Je n'étais pas mort du tout. Je n'ai fait qu'exagérer ma méthode de t'accompagner partout sans être gênant, d'assister à tout sans autre geste que d'être ton oncle.

ÉLEUTHÈRE

Et ça vous a ramené chez vous, dans le coffre de la voiture. Mais puisque vous n'êtes pas mort, je compte sur votre courage et votre autorité pour mettre à la porte ce Père Ubu et sa digne épouse.

PISSEMBOCK

A quoi bon ? Je leur ai payé, sans un geste, plusieurs mois de gages. Ce sont de bons serviteurs. Et ils savent se styler eux-mêmes, car le premier soin du Père Ubu a été de lire mes papiers et d'apprendre par cœur : marquis de Grandair, marquis de Grandair ! Ce soir, au bal de tes fiançailles avec Monsieur de Granpré, je veux que ce soit le Père Ubu qui annonce les gens.

ÉLEUTHÈRE

Mais les Ubu n'obéissent pas du tout !

        (Elle sonne.)

PISSEMBOCK

Pourquoi les appelles-tu, puisque ça ne te plaît pas de les voir? Ce sont de bons serviteurs, ma nièce. Et d'ailleurs, si tu tiens à ce que quelqu'un les mette à la porte, le caporal marquis de Granpré, qui a l'habitude de commander à des désobéissants professionnels, s'en chargera bien ce soir. Il est prié à ce bal en uniforme : or l'escouade de ses hommes libres lui est un uniforme à distance hiérarchique.

SCÈNE VI

Le vestibule.

PÈRE UBU, MÈRE UBU

PÈRE UBU (*placidement*).

On sonne toujours.

MÈRE UBU

Ce n'est plus chez Madame qu'on sonne : elle a compris sans doute que nous n'y étions pas, ne recevions pas d'ordres aujourd'hui. C'est à la porte.

Père Ubu

A la porte, Mère Ubu ? Que notre zèle ne néglige point ses fonctions d'esclave portier. Mets les verrous, tire les barres de fer, cadenasse les douze serrures et vérifie si le petit pot que tu sais, à la fenêtre au-dessus des visiteurs, est prêt à choir au premier signe, et bien rempli.

Mère Ubu

La sonnette est arrachée, mais on tape maintenant. Ce doit être un visiteur considérable.

Père Ubu

Alors, Mère Ubu, attache le bout de la chaîne de notre collier à l'anneau de fer du vestibule, et accroche dans l'escalier l'antique écriteau : Prenez garde au chien. Je vais mordre les gens, s'ils ont l'audace de s'introduire, et leur marcher sur les pieds.

SCÈNE V

LES MÊMES, PISSEDOUX

(*Pissedoux enfonce la porte. Bataille grotesque avec les Ubs.*)

PISSEDOUX

Esclave... Tiens, sergent des hommes libres, vous êtes domestique ici ? Annoncez Monsieur de Granpré.

PÈRE UBU

Madame est sortie ! Monsieur Pissedoux. Ou plus exactement ce n'est pas aujourd'hui le jour où nous lui permettons de recevoir personne. Je vous défends de la voir.

PISSEDOUX

C'est le moment de prouver que je sais par cœur ma théorie d'indiscipline. J'entrerai, après vous avoir corrigé par le fouet !
(*Il tire de sa poche un fouet à chiens.*)

Père Ubu

Le fouet ! entends-tu, Mère Ubu ? Je monte en grade : cireur de pieds, laquais, portier, esclave fouetté, je serai bientôt en prison et quelque jour, si Dieu me prête vie, aux galères. Notre fortune est assurée, Mère Ubu.

Pissedoux

Il y a de la besogne, si je veux lui battre dos et ventre. Quelle surface !

Père Ubu

Eh ! quelle gloire ! Cette lanière obéit à toutes les courbes de ma gidouille. Je me fais l'effet d'un charmeur de serpents.

Mère Ubu

Tu as l'air d'un sabot qui vire à la peau d'anguille, Père Ubu.

Pissedoux

Ouf, je n'en puis plus. Et maintenant, Père Ubu, je vous ordonne de m'annoncer à votre maîtresse.

Père Ubu

Et d'abord, qui êtes-vous pour donner des ordres ? Ici ne commandent que les esclaves. Avez-vous quelque grade en esclavage ?

Pissedoux

Un caporal, un militaire, esclave ! Je ne suis qu'esclave d'amour. Éleuthère de Grandair, la belle cantinière des hommes libres, ma fiancée, est en effet ma *maîtresse*, si vous l'entendez ainsi.

Père Ubu

Cornegidouille, monsieur ! Je n'y pensais pas. Je suis ici esclave à tout faire. Vous me rappelez mes devoirs. Ce service est de mon ressort ; je vais m'en acquitter au plus vite à votre place...

Mère Ubu

Eh ! mon gros bonhomme ! que vas-tu faire ?

Père Ubu

Monsieur, *qui est libre*, me remplacera, ma douce enfant, auprès de toi.

UBU ENCHAÎNÉ

(*Le Père Ubu, poursuivi par la Mère Ubu et Pissedoux, monte l'escalier.*)

SCÈNE VI

Le bal chez Pissembock.

ÉLEUTHÈRE, PISSEMBOCK, PÈRE UBU, MÈRE UBU

PÈRE UBU

valse avec Éleuthère.

ÉLEUTHÈRE

Au secours ! mon oncle ! défendez-moi !

PISSEMBOCK

Je fais tout ce que je puis. Je suis ton oncle.

MÈRE UBU (*accourant, les bras au ciel*).

Père Ubu, Père Ubu, tu valses d'une façon ridicule, tu as englouti en un instant tout le buffet, tu as de la confiture jusqu'aux yeux et jusqu'aux coudes, tu tiens ta danseuse sous ton bras, tu n'as plus le fouet du Caporal pour t'aider à tourner, tu vas tomber sur ta gidouille !

Père Ubu (*à Éleuthère*).

Eh ! ma douce enfant, que les plaisirs mondains ont de charme pour nous ! J'ai voulu remplir mes devoirs de domestique en annonçant les gens, mais il n'y avait personne (on m'avait dit d'annoncer, on ne m'avait pas dit d'ouvrir) ; en servant au buffet, mais on ne s'en servait point, alors je l'ai mangé tout ! Il faut bien que quelqu'un vous invite à valser maintenant, cornegidouille ! Alors je me dévoue, de par ma chandelle verte ! Il restera autant de moins à la Mère Ubu à cirer de vos parquets !

(*Ils valsent.*)

SCÈNE VII

LES MÊMES, PISSEDOUX et LES TROIS HOMMES LIBRES font irruption.

PISSEDOUX

Ne touchez pas à cet homme ! Il ne périra que de ma main ! Ne l'arrêtez pas !

Les trois Hommes libres

Désobéissons. Non, pas ensemble ! Une, deux, trois !

(*Au Père Ubu.*)

En prison ! En prison ! En prison !

(*Ils l'emmènent, conduits par* Pissedoux.)

Éleuthère (*se jette dans les bras de* Pissembock).
Mon oncle Pissembock !

Pissembock

Marquis de Grandair, ma chère enfant.

Mère Ubu (*courant après* le Père Ubu).

Père Ubu ! j'ai toujours partagé la mauvaise fortune, je n'hésite point à te suivre dans la prospérité !

FIN DU DEUXIÈME ACTE

ACTE III

ACTE III

SCÈNE PREMIÈRE

Une prison.

PÈRE UBU, MÈRE UBU

PÈRE UBU

Corne finance ! nous commençons à être bien vêtus : on nous a troqué notre livrée, un peu étroite pour notre giborgne, contre ces beaux costumes gris. Je me crois de retour en Pologne.

MÈRE UBU

Et bien logés. On est aussi tranquille que dans le palais de Venceslas. Personne ne sonne plus ni n'enfonce de portes.

Père Ubu

Eh oui ! les maisons de ce pays ne fermaient pas, on y entrait comme le vent dans un moulin à vent, alors j'ai fait fortifier celle-ci de bonnes portes de fer et de solides grilles à toutes les fenêtres. Les Maîtres observent exactement la consigne de venir deux fois par jour nous apporter notre repas ; et au moyen de notre science en physique nous avons inventé un dispositif ingénieux pour qu'il pleuve tous les matins à travers le toit, afin de maintenir suffisamment humide la paille de notre cachot.

Mère Ubu

Mais nous ne pourrons plus sortir quand nous voudrons, Père Ubu.

Père Ubu

Sortir ! J'en ai assez, des marches à la queue de mes armées à travers l'Ukraine. Je ne bouge plus, cornegidouille ! je reçois maintenant chez moi, et les bêtes curieuses ont permission, à des jours marqués, de venir nous voir.

SCÈNE II

La grande salle du Tribunal.

PÈRE UBU, MÈRE UBU, PISSEDOUX, PISSEMBOCK, ÉLEUTHÈRE, JUGES, AVOCATS, GREFFIERS, HUISSIERS, GARDES, PEUPLE.

PÈRE UBU

Nous constatons avec plaisir, Messieurs, que toute la justice est mise en branle en notre honneur, que nos gardes n'ont point oublié leurs moustaches bien dorées des fêtes et dimanches afin d'entourer de plus de prestige notre banc de notre infamie, et que notre peuple écoute bien et se tient tranquille !

L'HUISSIER

Silence !

MÈRE UBU

Tais-toi donc, Père Ubu, tu vas te faire mettre à la porte.

Père Ubu

Mais non, j'ai des gardes pour m'empêcher de sortir. Et il faut bien que je parle, puisque tous ces gens ne sont là que pour m'interroger. — Et maintenant, introduisez ceux qui se plaignent de nous !

Le Président

Faites avancer le prévenu et sa complice. (*On leur distribue quelques bourrades.*) Votre nom ?

Père Ubu

François Ubu, ancien roi de Pologne et d'Aragon, docteur en pataphysique, comte de Mondragon, comte de Sandomir, marquis de Saint-Grégeois.

Pissedoux

Autrement dit : Père Ubu.

Mère Ubu

Victorine Ubu, ancienne reine de Pologne...

Pissembock

Autrement dit : Mère Ubu.

LE Greffier (*écrivant*).

Père Ubu et Mère Ubu.

LE Président

Prévenu, votre âge ?

Père Ubu

Je ne sais pas bien, je l'ai donné à garder à la Mère Ubu, et il y a si longtemps, elle a oublié même le sien.

Mère Ubu

Malappris voyou !

Père Ubu.

Madame de ma... J'ai dit que je ne dirais plus le mot, il me porterait chance, il me ferait acquitter, et je veux aller aux galères.

Le Président (*aux plaignants*).

Vos noms?

Pissembock

Marquis de Grandair.

Père Ubu (*furieusement*).

Autrement dit : Pissembock !

Le Greffier (*écrivant*).

Pissembock, et sa nièce, Éleuthère Pissembock.

Éleuthère

Hélas ! mon oncle !

Pissembock

Soyez calme, ma nièce, je suis toujours votre oncle.

Pissedoux

Marquis de Granpré.

Mère Ubu (*furieusement*).

Autrement dit : Pissedoux !

Éleuthère

Ah !!!
(*Elle s'évanouit. On l'emporte.*)

Père Ubu

Que ce petit incident ne vous retarde point,

monsieur le Président de notre tribunal, de nous rendre la justice qui nous est due.

L'Avocat général

Oui, Messieurs, ce monstre déjà souillé de tant de crimes...

Le Défenseur

Oui, Messieurs, cet honnête homme à l'irréprochable passé...

L'Avocat général

Ayant étendu ses noirs desseins au moyen d'une brosse à cirer sur les pieds nus de sa victime...

Le Défenseur

Malgré qu'il demandât grâce à genoux à cette infâme gourgandine...

L'Avocat général

L'enleva, de complicité avec sa mégère d'épouse, dans une diligence...

Le Défenseur

Se vit séquestré avec sa vertueuse épouse dans le coffre d'une diligence...

Père Ubu (*à son Défenseur*).

Monsieur, pardon! taisez-vous! vous dites des menteries et empêchez que l'on écoute le récit de nos exploits. Oui, Messieurs, tâchez d'ouvrir vos oneilles et de ne point faire de tapage : nous avons été roi de Pologne et d'Aragon, nous avons massacré une infinité de personnes, nous avons perçu de triples impôts, nous ne rêvons que de saigner, écorcher, assassiner ; nous décervelons tous les dimanches publiquement, sur un tertre, dans la banlieue, avec des chevaux de bois et des marchands de coco autour... ces vieilles affaires sont classées, parce que nous avons beaucoup d'ordre ; — nous avons tué monsieur Pissembock, qui vous le certifiera lui-même, et nous avons accablé de coups de fouet, dont nous portons encore les marques, monsieur Pissedoux, ce qui nous a empêché d'entendre les coups de sonnette de mademoiselle Pissembock ; c'est pourquoi nous ordonnons à messieurs nos juges de nous condamner à la plus grave peine qu'ils soient capables d'imaginer, afin qu'elle nous soit proportionnée ; non point à mort cependant, car il faudrait voter des crédits exorbitants pour la construction d'une assez énorme guillotine. Nous nous verrions volontiers forçat, avec un beau bonnet vert, repu aux frais de l'État et occupant nos loisirs à de menus travaux. La Mère Ubu...

MÈRE UBU

Mais...

PÈRE UBU

Tais-toi, ma douce enfant — ... fera de la tapisserie sur des chaussons de lisière. Et comme nous aimons assez peu à nous inquiéter de l'avenir, nous souhaiterions que cette condamnation fût perpétuelle, et notre villégiature près de la mer, en quelque sain climat.

PISSEDOUX (*à Pissembock*).

Il y a donc des gens que cela embête d'être libres.

PISSEMBOCK

Vous vouliez bien épouser ma nièce ! Mais jamais je ne la sacrifierai à un homme que déshonore le nom de Pissedoux.

Pissedoux

Jamais je n'épouserai une fille dont l'oncle est indigne même du nom de Pissembock!

L'Huissier

La Cour... délibère.

Mère Ubu

Père Ubu, ces gens vont t'acquitter de toutes manières, tu as eu tort de ne pas leur dire simplement le mot.

Pissedoux (à *Pissembock*).

Je vois avec plaisir que nous sommes d'accord.

Pissembock

Venez dans mes bras, mon gendre.

Le Président

La Cour... Père Ubu, savez-vous ramer?

Père Ubu

Je ne sais pas si je sais; mais je sais faire marcher, par des commandements variés, un bateau à voiles ou à vapeur dans n'importe quelle direction, en arrière, à côté ou en bas.

Le Président

Ça ne fait rien. — La Cour... condamne François Ubu, dit Père Ubu, aux galères à perpétuité. Il sera ferré à deux boulets dans sa prison et joint au premier convoi de forçats pour les galères de Soliman.
... Condamne sa complice, dite Mère Ubu, au ferrage à un boulet et la réclusion à vie dans sa prison.

Pissedoux et Pissembock

Vivent les hommes libres !

Père Ubu et Mère Ubu

Vive l'esclavage !

SCÈNE III

La prison.

PÈRE UBU, MÈRE UBU entrent. On entend dès la coulisse le bruit de leurs boulets de forçats.

Mère Ubu

Père Ubu, tu embellis de jour en jour, tu es fait pour porter le bonnet vert et les menottes !

Père Ubu

Et on est en train de me forger, Madame, mon grand carcan de fer à quatre rangs !

Mère Ubu

Comment est-il fait, Père Ubu ?

Père Ubu

Madame ma femelle, il est de tout point semblable au hausse-col du général Lascy, qui vous aidait à loucher, en Pologne ; mais il n'est point doré, car vous m'avez recommandé d'être économe. C'est tout du solide, du même métal que nos boulets, non point du fer-blanc ni du fer doux, mais du fer à repasser !

Mère Ubu

Idiote brute ! Mais tes boulets aux pieds sont une stupide invention ; tu vas te ficher par terre, Père Ubu. Quel tapage !

Père Ubu

Nullement, Mère Ubu ; mais je vous vais marcher ainsi plus efficacement sur les pieds !

Mère Ubu

Grâce, Monsieur Ubu !

SCÈNE IV

Un salon de dévote.

Plusieurs VIEILLES FILLES

Première vieille fille

Oui, mesdemoiselles : dans ce pays libre il est venu un gros bonhomme qui a dit qu'il voulait servir tout le monde, être domestique de tout le monde, et faire de tous les hommes libres des Maîtres. Ceux qui n'ont pas voulu se laisser faire, il les a fourrés dans sa poche et dans des coffres de diligence.

Deuxième vieille fille

Ce n'est pas tout. En revenant de l'église, une grosse foule m'a retenue devant la prison, ce monument ruiné qui n'était conservé que par l'administration des Beaux-Arts, et dont le geôlier est membre de l'Institut. On y loge le Père Ubu aux frais de l'État en attendant qu'assez de gens se soient mis, à son exemple, à mériter les honneurs de la justice pour former un convoi présentable vers les galères de Soliman. Ce ne sera pas long, car on a déjà été forcé de démolir plusieurs quartiers pour agrandir les prisons.

Toutes

Puisse le ciel préserver cette maison !

SCÈNE V

LES MÊMES, FRÈRE TIBERGE

FRÈRE TIBERGE

La paix soit avec vous !

PREMIÈRE VIEILLE FILLE

Ah ! mon Dieu... Je ne vous avais pas entendu frapper.

FRÈRE TIBERGE

Il ne sied pas aux messagers de douceur d'apporter le trouble nulle part, même par un léger bruit. Je viens implorer votre habituelle charité pour de nouveaux pauvres : les pauvres prisonniers.

DEUXIÈME VIEILLE FILLE

Les pauvres prisonniers !

PREMIÈRE VIEILLE FILLE

Mais les pauvres sont des gens libres, errants,

qui viennent en grand équipage de béquilles sonner de porte en porte, alors tout le monde se met aux fenêtres et vous regarde leur faire l'aumône dans la rue.

FRÈRE TIBERGE (*tendant la main*).

Pour les pauvres prisonniers ! Le Père Ubu a dit qu'il se fortifierait dans la prison avec la Mère Ubu et ses nombreux disciples si l'on ne subvenait mieux aux douze repas qu'il entend faire par jour. Il a déclaré l'intention de mettre tout le monde sur le pavé, nu comme la main, pendant l'hiver, qu'il prédit fort rigoureux, tandis qu'il serait à l'abri, ainsi que ses suppôts, sans autre labeur que de découper ses griffes à la petite scie et de considérer la Mère Ubu broder des chaussons de lisière pour tenir chaud aux boulets des forçats !

TOUTES

Douze repas ! Découper ses griffes ! Des pantoufles pour les boulets ! Nous ne lui donnerons rien, bien sûr !

FRÈRE TIBERGE

Dans ce cas, la paix soit avec vous, mes

sœurs ! D'autres frapperont plus fort, vous entendrez mieux.

(*Il sort. Entrent* les Policiers *et* Démolisseurs. *Les Dévotes s'enfuient. On casse les carreaux et grille les fenêtres. Les meubles sont enlevés et remplacés par de la paille qu'on humecte avec un arrosoir. Le salon est entièrement transformé au décor de la scène suivante :*)

SCÈNE VI

La prison.

PÈRE UBU, enchaîné ; PISSEDOUX

Père Ubu

Hé, Pissedoux, mon ami ! te voilà sans abri, courant les chemins avec tes trois va-nu-pieds. Tu viens mendier des secours au coffre de nos phynances. Tu n'auras même pas celui de la diligence pour ta nuit de noces avec mademoiselle Pissembock. Elle est libre aussi, elle n'a d'autre prison que son oncle, ce n'est pas très imperméable quand il pleut. Regarde, moi je ne sors pas, j'ai un joli boulet à chaque pied, et je n'irai pas les rouiller à l'humidité, bien sûr, parce que, ne reculant devant aucune dépense, je les ai fait nickeler !

Pissedoux

Ah ! c'est trop fort, Père Ubu ! Je vais vous prendre par les épaules et vous arracher de cette coquille.

Père Ubu

Votre liberté est trop simple, mon bel ami, pour faire une bonne fourchette à escargot, instrument bifide. Et je suis scellé dans la muraille. Bonne nuit. Les becs de gaz s'allument dehors par nos ordres au cas où la comète que vous filerez — nous le savons par notre science en météorologie — ne serait point un astro suffisant. Vous verrez très loin dans le froid, la faim et le vide. Il est l'heure de notre repos. Notre geôlier va vous congédier.

SCÈNE VII

LES MÊMES, LE GEOLIER

LE GEOLIER

On ferme.

SCÈNE VIII

Un détour du sérail.

SOLIMAN, LE VIZIR, SUITE

LE VIZIR

Sire, le Pays libre annonce enfin à Votre Majesté le tribut qu'il n'avait pu encore amasser, la chaîne des deux cents forçats, et parmi eux l'illustre Père Ubu, plus gros, quoiqu'il se manifeste marié à la non moins célèbre Mère Ubu, que le plus énorme de Vos eunuques.

SOLIMAN

J'ai en effet entendu parler de ce Père Ubu.

Il a, dit-on, été roi de Pologne et d'Aragon, et eu de merveilleuses aventures. Mais il mange de la viande de pourceau et pisse tout debout. Je le prends pour un fou ou un hérétique !

Le Vizir

Sire, il est très versé dans toutes sortes de sciences et pourra être utile à divertir Votre Majesté. Il n'ignore rien de la météorologie ni de l'art nautique.

Soliman

C'est bien, il ramera avec plus de précision sur mes galères.

FIN DU TROISIÈME ACTE.

ACTE IV

ACTE IV

SCÈNE PREMIÈRE

La place devant la prison.

LES TROIS HOMMES LIBRES

Premier Homme libre (*au Deuxième*).

Où allez-vous, compagnon ? A l'exercice, comme chaque matin ? Eh ! vous obéissez, je crois.

Deuxième Homme libre

Le Caporal m'a défendu de jamais aller à l'exercice, le matin, à cette heure-ci. Je suis un homme libre. J'y vais tous les matins.

Premier et Troisième Hommes libres

Et c'est ainsi que nous nous rencontrons

comme par hasard tous les jours, pour désobéir ensemble, de telle heure à telle heure.

Deuxième Homme libre

Mais aujourd'hui le Caporal n'est pas venu.

Troisième Homme libre

Il est libre de ne pas venir.

Premier Homme libre

Et comme il pleut...

Deuxième Homme libre

Nous sommes libres de ne pas aimer la pluie.

Premier Homme libre

Je vous le disais : vous devenez obéissants.

Deuxième Homme libre

C'est le Caporal qui a l'air de le devenir. Il manque fréquemment aux exercices d'indiscipline.

Troisième Homme libre

... Nous nous amusons à monter la garde devant cette prison. Il y a des guérites.

####### Deuxième Homme libre

Elles sont libres.

####### Troisième Homme libre

Et d'ailleurs, s'abriter dedans est une des choses qui nous sont défendues formellement.

####### Premier Homme libre

Vous êtes les hommes libres !

####### Deuxième et Troisième Hommes libres

Nous sommes les hommes libres.

SCÈNE II

LES MÊMES, LORD CATOBLEPAS, SON DOMESTIQUE

####### Lord Catoblepas

Oh ! cette ville n'est remarquable que parce qu'elle est composée de maisons, comme toutes les villes, et que toutes ses maisons ressemblent à toutes les maisons ! Ce n'est pas curious du tout. Enfin, je pense être arrivé devant le palace du roi. — Jack !

Le Domestique

salue.

Lord Catoblepas

Cherchez dans le dictionary. Cherchez : *palace.*

Jack (*lisant*).

Palace : édifice en pierres de taille, orné de grilles forgées. *Royal-Palace*, LOUVRE : même modèle, avec une barrière en plus et des gardes qui veillent et défendent d'entrer.

Lord Catoblepas

C'est bien cela, mais ce n'est pas sufficient. Jack ! demandez à ce garde si c'est bien ici le palace du roi.

Jack (*au Premier Homme libre*).

Militaire, est-ce bien ici le palace du roi ?

Deuxième Homme libre (*au Premier*).

La vérité te force d'avouer que nous n'avons

pas de roi et qu'ainsi cette maison n'est pas le palais du roi. Nous sommes les hommes libres !

PREMIER HOMME LIBRE (*au Deuxième*).

La vérité me force... ? Nous sommes les hommes libres ! Nous devons donc désobéir, même à la vérité. — Oui, seigneur étranger, cette maison est le palais du roi.

LORD CATOBLEPAS

Oh ! vous faites à moi beaucoup de pleasure. Voici pour vous bonne pourboire. — Jack !

LE DOMESTIQUE

salue.

LORD CATOBLEPAS

Allez frapper à la porte et demandez si l'on peut entrer visiter le roi.

LE DOMESTIQUE

frappe.

SCÈNE III

LES MÊMES, LE GEOLIER

LE GEOLIER

On n'entre pas, messieurs.

LORD CATOBLEPAS

Oh! ce gentleman est le gentleman qui veille sur le roi. Il n'aura pas de pourboire puisqu'il ne laisse pas entrer les touristes anglais.

(*Au Premier Homme libre*).

Il ne serait pas possible de faire venir ici Sa Majesté? Je serais fort curious de voir le roi, et, s'il veut bien se déranger, il y aura pour lui bonne pourboire.

TROISIÈME HOMME LIBRE (*au Premier*).

D'abord il n'y a ni roi ni reine ni là-dedans ni ailleurs; ensuite, les gens qui sont là-dedans ne sortent pas.

Premier Homme libre

C'est juste.
(*A Lord Catoblepas.*)
Seigneur étranger, le roi et la reine qui sont là-dedans sortent quotidiennement avec leur suite pour recueillir les pourboires des touristes anglais !

Lord Catoblepas

Oh ! je vous suis très reconnaissant. Voilà pour boire encore à ma santé. — Jack ! Dépliez la tente et ouvrez les boîtes de corned-beef. Je vais attendre ici l'heure de l'audience du roi et du baisemain de Sa Gracious Majesty the Queen !

SCÈNE IV

La cour de la prison.

PÈRE UBU, MÈRE UBU, FORÇATS, ARGOUSINS

Les Forçats

Vive l'esclavage ! Vive le Père Ubu !

Père Ubu

Mère Ubu, as-tu un bout de ficelle, que je rafistole la chaîne de mes boulets ? Ils sont si lourds que j'ai toujours peur de les laisser en route.

Mère Ubu

Stupide personnage !

Père Ubu

Voilà le carcan qui se dégrafe et les menottes qui me passent par-dessus les mains. Je vais me trouver en liberté, sans ornements, sans escorte, sans honneurs, et forcé de subvenir moi-même à tous mes besoins !

Un Argousin

Seigneur Ubu, voilà votre bonnet vert qui s'envole par-dessus les moulins.

Père Ubu

Quels moulins ? Nous ne sommes plus sur la colline de l'Ukraine. Je ne recevrai plus de coups. Tiens, mais je n'ai plus de cheval à phynances.

Mère Ubu

Tu disais toujours qu'il ne savait point te porter.

Père Ubu

Parce qu'il ne mangeait rien, corne d'Ubu ! Mon boulet non plus, il est vrai : il ne dira rien si tu le voles, et je n'ai sur moi aucun livre des finances. Mais ça ne m'avance guère. C'est l'administration des galères turques qui me volera à ta place, Mère Ubu. Adieu, Mère Ubu : notre séparation manque vraiment de musique militaire.

Mère Ubu

Voici venir l'escorte des argousins avec leurs passe-poils jaunes.

Père Ubu

Contentons-nous donc de notre monotone cliquetis de ferraille. Adieu, Mère Ubu. Je me réjouirai bientôt au bruit des vagues et des rames ! Mon Geôlier veillera sur toi.

Mère Ubu

Adieu, Père Ubu ; si tu reviens chercher

quelque repos, tu me retrouveras dans la même chambrette bien close : je t'aurai tressé une belle paire de pantoufles. Ha ! nos adieux sont trop déchirants, je vais t'accompagner jusque sur la porte !

(*Le Père Ubu, la Mère Ubu et les Forçats s'éloignent, traînant leurs chaînes et se bousculant, vers la grande porte, qui est au fond.*)

SCÈNE V

La place devant la prison.

LORD CATOBLEPAS, LE DOMESTIQUE, LES TROIS HOMMES LIBRES, LE GEÔLIER

(*Le Geôlier ôte les barres, verrous et cadenas extérieurs de la porte.*)

LORD CATOBLEPAS

Jack ! Repliez la tente et balayez toutes ces boîtes de conserves vides, afin de recevoir correctement Leurs Majestés !

Premier Homme libre

(*effroyablement ivre, une pinte à la main*).
Voilà le roi ! Vive le roi ! hurrah !

Deuxième Homme libre

Imbécile ! c'est le Père Ubu et la Mère Ubu !

Troisième Homme libre

Tais-toi donc ! nous aurons notre part des pourboires et boissons !

Deuxième Homme libre

Me taire ? Nous sommes les hommes libres !
(*Gueulant.*)
Vive le roi ! le roi ! le roi ! Hurrah !
(*La porte s'ouvre. Les Argousins commencent à sortir.*)

SCÈNE VI

LES MÊMES, ARGOUSINS, PÈRE UBU, MÈRE UBU

Père Ubu (*s'arrêtant stupéfait sur le seuil, au haut du perron, avec la Mère Ubu*).

Je deviens fou, cornegidouille ! Que signifient ces cris et ce tapage ? Et ces gens ivres comme en Pologne ? On va me recouronner et me rouer encore de coups !

MÈRE UBU

Ces nobles personnages ne sont pas saoûls du tout, la preuve : en voilà un tout galonné qui vient implorer la faveur de baiser ma main de reine !

LORD CATOBLEPAS

Jack ! Tenez-vous tranquille ! Pas si vite ! Cherchez dans le dictionary : *Roi, Reine*.

JACK (*lisant*).

King, Queen : celui, celle qui porte un carcan de métal au cou, des ornements tels que chaînes et cordons aux pieds et aux mains. Tient une boule représentant le monde...

LORD CATOBLEPAS

Le roi de ce pays est un grand, gros, double roi ! Il a deux boules, et il les traîne avec ses pieds !

JACK (*lisant*).

Roi de France : même modèle. Porte un manteau de fleurs-de-lys agrafé sur l'épaule.

Lord Catoblepas

Ce roi a l'épaule toute nue et une belle fleur-de-lys rouge incrustée à même la peau. C'est un bon et antique roi héréditaire ! Vive le roi !

Jack et les Hommes libres

Vive le roi ! Hurrah !

Père Ubu

Ah ! mon Dieu ! me voilà perdu ! où me cacher, cornegidouille ?

Mère Ubu

Et tes projets d'esclavage, les voilà propres ! Tu voulais cirer les pieds à ces gens, ce sont eux qui te baisent les mains ! Ils sont aussi peu dégoûtés que toi !

Père Ubu

Madame notre épouse, gare à vos oneilles ! Nous sévirons quand nous aurons plus de loisir. Attends un peu, je vais les congédier noblement, comme aux heureux temps où je remplissais à déborder le trône de Venceslas... — Corne finance, tas de sagouins ! voulez-vous foutre le camp ! Nous n'aimons point que l'on nous fasse du tapage, personne ne nous a encore fait de tapage, et ce n'est pas vous qui commencerez !

(*Tous se retirent avec grand respect et aux cris répétés de* Vive le roi !)

SCÈNE VII

PÈRE UBU, MÈRE UBU, LES FORÇATS, parmi ceux-ci LE DOYEN et FRÈRE TIBERGE.

(Les Forçats *se sont faufilés derrière le* Père Ubu *pendant son apostrophe, et couvrent en désordre toute la scène.*)

Mère Ubu

Ah ! les voilà partis. Mais qu'est-ce que tout ce monde encore ?

Père Ubu

Ce sont des amis, nos collègues de la prison, mes disciples et mes suppôts.

Les Forçats

Vive le roi !

Père Ubu

Encore ! Taisez-vous, ou, de par ma chandelle verte, ji vous fous à lon pôche !

Le Doyen des Forçats

Père Ubu, ne vous irritez point. Nous rendons hommage à votre mérite en vous conservant ce titre, inséparable de votre nom, et pensons que parmi nous, entre intimes, votre modestie consentira à s'en enorgueillir !

Mère Ubu

Qu'il parle bien !

Père Ubu

Ah ! mes amis, je suis bien profondément touché. Néanmoins, je ne vous ferai point de distributions d'argent...

Mère Ubu

Ah ! non, par exemple !

Père Ubu

Bouffresque !... — Parce que nous ne sommes plus en Pologne; mais je crois rendre justice à vos vertus et à votre sentiment de l'honneur en supposant que vous recevrez sans déplaisir de notre main — royale, puisqu'il vous agrée de dire ainsi — quelques distinctions. Elles auront ceci de bon qu'elles pourront abréger les compétitions quant à la hiérarchie des places, le long de notre chaîne, derrière notre giborgne ! Vous, vénérable doyen de nos Phorçats, vieux mangeur de grenouilles, soyez grand-trésorier de toutes nos phynances ! Toi là-bas, le cul-de-jatte, incarcéré comme faussaire et assassin, je te consacre généralissime ! Vous, Frère Tiberge, qui avez part à un bout de notre chapelet de fer pour paillardise, pillerie et démolition de demeures, notre grand-aumônier ! Toi, l'empoisonneur, notre médecin ! Vous tous, voleurs, bandits, arracheurs de cervelle, je vous nomme sans distinction les vaillants Oufficiers de notre Armerdre !

Tous

Vive le roi ! Vive le Père Ubu ! Vive l'esclavage ! Vive la Pologne ! Vive l'armerdre !

FIN DU QUATRIÈME ACTE.

ACTE V

ACTE V

SCÈNE PREMIÈRE

La place devant la prison.

ÉLEUTHÈRE, PISSEMBOCK, PISSEDOUX, HOMMES LIBRES, PEUPLE

PISSEDOUX

Compagnons, en avant ! Vive la liberté ! Le vieux galérien de Père Ubu est emmené dans le convoi, les prisons sont vides, il n'y reste plus que la Mère Ubu qui tortille de la lisière, nous sommes libres de faire ce que nous voulons, même d'obéir ; d'aller partout où il nous plaît, même en prison ! La liberté, c'est l'esclavage !

Tous

Vive Pissedoux !

Pissedoux

Je suis prêt à accepter votre commandement ; nous envahirons les prisons, et nous supprimerons la liberté !

Tous

Hurrah ! Obéissons ! En avant ! en prison !

SCÈNE II

LES MÊMES, MÈRE UBU, LE GEOLIER

Pissedoux

Tiens ! la Mère Ubu qui se fait un masque des barreaux de sa cellule. Elle était mieux sans : elle avait l'air d'une belle petite fille.

Mère Ubu

Infâme Pissedoux !

Le Geolier

On n'entre pas, messieurs. Qui êtes-vous ? (*Cris et tumulte.*)

Des hommes libres ? Alors, circulez !

PREMIER HOMME LIBRE

Cassons les barreaux.

DEUXIÈME HOMME LIBRE

Ne les cassons pas, nous ne serions plus chez nous, une fois entrés !

TROISIÈME HOMME LIBRE

Attaquons la porte.

ÉLEUTHÈRE

Nous demandons le cordon bien longtemps : madame notre concierge nous fait attendre.

MÈRE UBU (*furieuse*).

Frappez, et l'on vous ouvrira !
(*A travers sa lucarne, elle frappe Pissembock avec sa cruche de grès et le partage en deux, du haut en bas.*)

PISSEMBOCK (« *ensemble* »).

Ne t'effraye pas, ma chère enfant, tu as maintenant deux oncles.

Tous

Enfin, nous voilà chez nous !
(*La porte cède, ils entrent. Le Geôlier s'enfuit. La Mère Ubu sort. La porte se referme. La Mère Ubu reste prise par son boulet. Éleuthère passe son bras armé de petits ciseaux par le guichet et coupe la chaîne.*)

SCÈNE III

Le convoi des forçats à travers la Sclavonie.

ARGOUSINS, FORÇATS, PÈRE UBU

Père Ubu

Nous périssons, cornegidouille ! Sire Maître, ayez l'obligeance de ne point cesser de nous tenir par notre chaîne, afin de supporter notre boulet ; et vous, sire Argousin, remettez-nous nos menottes, afin que nous n'ayons point la peine de joindre nous-même nos mains derrière notre dos, selon notre habitude à la promenade, et resserrez notre carcan, car nous pourrions prendre froid !

L'Argousin

Courage, Père Ubu, nous touchons au port des galères.

Père Ubu

Nous déplorons plus que jamais que l'état de nos finances ne nous permette toujours pas l'acquisition d'une voiture cellulaire individuelle : car, notre boulet se refusant à marcher devant nous afin de nous traîner, nous avons fait tout le chemin le traînant nous-même au moyen de notre pied, encore qu'il s'arrêtât fort souvent, apparemment pour ses besoins !

SCÈNE IV

LES MÊMES, LE GEOLIER

Le Geolier (*accourant*).

Tout est perdu, Père Ubu !

Père Ubu

Encore, sagouin ! Je ne suis pourtant plus roi.

Le Geolier

« Les Maîtres sont révoltés! les hommes libres sont esclaves, j'ai été mis à la porte et la Mère Ubu arrachée de sa prison. Et pour preuve de la véracité de ces nouvelles, voici le boulet de la Mère Ubu (*On apporte le boulet sur une brouette*) qu'on l'a jugée indigne de porter et qui d'ailleurs a de lui-même rompu sa chaîne, se refusant à plus longtemps la suivre!

Père Ubu (*met le boulet dans sa poche*).

Au diable les montres sans cordon! Un peu plus, je manquais ma poche!

Le Geolier

Les Maîtres ont abrité leurs femmes et leurs petits enfants dans les prisons. Ils ont envahi les arsenaux et c'est tout juste s'ils y ont trouvé assez de boulets pour river à leurs jambes en signe d'esclavage. De plus, ils prétendent occuper avant vous les galères de Soliman.

Les Argousins

Je me révolte aussi! — Vive la servitude! —

Nous en avons assez ! Nous voulons être esclaves à notre tour, foutre !

Père Ubu (*à un Argousin*).

Eh ! voici notre boulet, de grand cœur. Nous vous le redemanderons quand nous serons moins fatigué.

(*Il donne ses boulets à porter à deux Argousins, à sa droite et à sa gauche. Les Forçats, sur leurs supplications, chargent de leurs chaînes les Argousins. Tumulte lointain.*)

Argousins et Forçats

Les Maîtres révoltés !

Père Ubu

Allons, Messieurs ! Saisissons notre courage par les deux anses. Je vois que vous êtes armés et prêts à recevoir vaillamment l'ennemi. Quant à nous, le pied dispos, nous allons tranquillement partir sans attendre ces gens animés sans doute d'intentions mauvaises, et, pour notre salut, si j'en crois ce bruit de ferraille, lourdement chargés !

Le Geolier

C'est le bruit des canons ! Ils ont de l'artillerie, Père Ubu.

Père Ubu

Ah ! je meurs de peur. Ma prison ! mes pantoufles !

(*Les canons entourent la scène.*)

SCÈNE V

LES MÊMES, PISSEDOUX, HOMMES LIBRES enchaînés.

Pissedoux

Rendez-vous, Père Ubu ! Rendez vos carcans, vos fers ! Soyez libre ! On va vous mettre tout nu, dans la lumière !

Père Ubu

Ah ! toi, monsieur Pissedoux, si tu m'attrapes...

(*Il se sauve.*)

Pissedoux

Chargez les canons. Feu sur cette tonne de couardise !

Les trois Hommes libres

Obéissons. Avec ensemble. Tous trois à trois !

Premier Homme libre

Caporal, le boulet n'est pas parti.

Deuxième Homme libre

C'est la jambe du troisième homme libre qui est partie !

Premier Homme libre

Du pied gauche, bien entendu.

Deuxième Homme libre

Il n'y a plus de boulets dans la batterie : on les a tous employés à s'attacher des uniformes aux jambes !

Père Ubu (*revenant*).

Eh ! voilà celui de la Mère Ubu qui nous gêne dans notre poche !

(*Il en assomme* Pissedoux.)

Et goûtez un peu de cette grappe !

(*Il massacre* les Hommes libres *à coups d'Argousin enchaîné.*)

Les Hommes libres

Sauve qui peut !

(*Ils s'enfuient traînant leurs chaînes et poursuivis par les Forçats détachés. De temps en temps, le Père Ubu attrape le bout de la chaîne et arrête toute la file.*)

Le Geolier

Nous sommes sauvés ! Voici les galères des Turcs !

(*La déroute s'arrête. Soliman, le Vizir, la Suite paraissent au fond.*)

SCÈNE VI

Le camp des Turcs.

SOLIMAN, LE VIZIR, SUITE

Soliman

Vizir, avez-vous pris livraison des deux cents esclaves ?

Le Vizir

Sire, j'ai donné un reçu de deux cents esclaves, puisqu'il en était convenu ainsi avec le Pays libre, mais le convoi est réellement de plus de deux mille. Je n'y comprends rien. La plupart sont dérisoirement enchaînés, réclament à grands cris des fers, ce que je comprends moins encore, à moins qu'ils ne témoignent par là leur hâte de participer à l'honneur de ramer sur les galères de Votre Majesté.

SOLIMAN

Et le Père Ubu ?

LE VIZIR

Le Père Ubu prétend qu'on lui a volé ses boulets de forçat en route. Il est d'une humeur féroce et manifeste l'intention de mettre tout le monde dans sa poche. Il casse toutes les rames et effondre les bancs afin de vérifier s'ils sont solides.

SOLIMAN

Assez ! Traitez-le avec les plus grands égards. Ce n'est pas que j'aie peur de sa violence... Maintenant que je l'ai vu de près, je sais combien il est encore au-dessus de sa renommée. Et il m'appartenait de lui découvrir un nouveau titre de gloire : apprenez qui est ce Père Ubu que l'on m'amenait comme esclave. Cet air noble, cette prestance... C'est mon propre frère qui fut enlevé il y a de longues années par les pirates français et contraint au travail dans divers bagnes, ce qui lui permit de s'élever aux éminentes situations de roi d'Aragon, puis de Pologne ! Baisez la terre entre ses mains, mais gardez-vous de lui révéler cette reconnaissance merveilleuse, car il s'installerait dans mon empire avec toute sa famille et le dévorerait en peu de temps. Embarquez-le pour n'importe où et faites vite.

Le Vizir

Sire, j'obéis.

SCÈNE VII

Le Bosphore.

PÈRE UBU, MÈRE UBU

Mère Ubu

Ces gens vont nous embarquer comme des bestiaux, Père Ubu !

Père Ubu

Tant mieux, je vais faire le veau en les regardant ramer.

Mère Ubu

Ça ne t'a pas réussi d'être esclave : personne ne veut plus être ton maitre.

Père Ubu

Comment ? Moi, je veux encore bien ! Je commence à constater que Ma Gidouille est plus grosse que toute la terre, et plus digne que je m'occupe d'elle. C'est elle que je servirai désormais.

Mère Ubu

Tu as toujours raison, Père Ubu.

SCÈNE VIII

La galère capitane.

PÈRE UBU, MÈRE UBU, L'ARGOUSIN, TOUS LES PERSONNAGES qu'on a vus dans la pièce enchaînés aux bancs des **FORÇATS**.

Père Ubu

Quelle verdure, Mère Ubu ! On se croirait sur le pâturage des vaches.

Les Forçats (*ramant*).

Fauchons le grand pré.

Père Ubu

C'est la couleur de l'espérance. Attendons une heureuse fin à toutes nos aventures.

Mère Ubu

Quelle étrange musique ! Sont-ils tous enrhumés par la rosée, qu'ils chantent ainsi du nez ?

L'ARGOUSIN

Afin de vous être agréable, monsieur et madame, j'ai remplacé le bâillon habituel de la chiourme par des mirlitons.

LES FORÇATS

Fauchons le grand pré !

L'ARGOUSIN

Voulez-vous commander la manœuvre, Père Ubu ?

PÈRE UBU

O non ! Si vous m'avez mis à la porte de ce pays et me renvoyez je ne sais où comme passager sur cette galère je n'en suis pas moins resté Ubu enchaîné, esclave, et je ne commanderai plus. On m'obéit bien davantage.

MÈRE UBU

Nous nous éloignons de France, Père Ubu.

PÈRE UBU

Eh ! ma douce enfant ! ne t'inquiète pas de la

contrée où nous aborderons. Ce sera assurément quelque pays assez extraordinaire pour être digne de nous, puisqu'on nous y conduit sur une trirème à quatre rangs de rames !

La Frette, septembre 1899.

FIN.

TABLE

	Pages.
UBU ROI	1
UBU ENCHAÎNÉ	145

www.ingramcontent.com/pod-product-compliance
Lightning Source LLC
Chambersburg PA
CBHW070617170426
43200CB00010B/1826